PET PATTERN BOOK
사계절 강아지 옷 패턴북

🦴

as know as de wan 브랜드는 11마리 반려견들과 직원이 함께 생활하고 있습니다.
그중 면역결핍증으로 털이 빠지는 병마와 싸우고 있는 아키타견을 위해
옷을 만들어 준 것이 사업의 시작점이 되었습니다.

당시에는 '강아지에게 옷이 필요할까' 라는 이견도 있었지만
강아지의 옷을 만들어 반려견과 견주가 함께 행복할 수 있고 이왕이면 착용감이 좋고 귀여운 옷을
만들자는 아이디어를 바탕으로 2002년 12월 브랜드를 설립했습니다.

직원들의 강아지가 모델이 되어 여러 번 피팅과 검토를 반복한 뒤,
반려견들의 신체에 딱 맞으면서 편하고 입히기 쉬운, 실루엣이 예뻐 보이는 패턴을 만들었습니다.

어느 날 고객으로부터 [우리 강아지가 외출할 때 '이거 입혀줘!' 라며
as know as de wan의 옷을 물고 와요]라는 이야기를 들었던 기분 좋은 에피소드가 있습니다.
앞으로도 지금까지 해왔던 고민을 중요하게 여기며 옷을 만들어야겠다고 생각한 순간이었습니다.
이 소잉 BOOK을 선택해 주신 여러분께 소중하면서도 사랑스러운 책이 되길 바라는
생각으로 브랜드의 고민을 최선을 다해 채워 넣었습니다.

핸드메이드가 아니고는 할 수 없는 반려견에게 딱 맞는 스페셜한 옷으로
가족과 커플 아이템 만들기에 도움이 되시길 바랍니다.
이 소잉 BOOK 제작에 앞서 협력, 응원해 주신 모든 여러분에게 감사의 말씀드립니다.

주식회사 as know as

HANDIS

Contents

캐주얼 웨어

A. 탱크톱+스커트 p.4

B. 티셔츠+스커트+캐미솔 p.6

C. 튜닉+팬츠 p.8

D. 맨투맨+팬츠 p.10

E. 블라우스+스커트 p.12

페어 코디 (페어룩)

H. 페이즐리 원피스 p.18

I. 아플리케 티셔츠+팬츠 p.19

J. 체크 원피스 p.20

K. 반소매 셔츠+팬츠 p.21

L. 체크 원피스 p.22

아우터 웨어

R. 후드 트렌치 코트 p.28

S. 양면 케이프 p.30

T. 후드 재킷 p.31

U. 롬퍼스 p.32

제작의 기초 이해하기 p.38
Lesson A. 탱크톱+스커트 p.40
사이즈에 대해서 p.46
How to make p.49

[사이즈에 대해서]
옷은 소형~중형까지, 총 7~9가지 사이즈, 소품과 모자는 1~2가지 사이즈가 수록되어 있습니다. p.46에 게재된 강아지 누드 사이즈를 참고해 강아지와 적합한 사이즈를 선택해 주세요.

※ 본서에는 가정에서 만들기 쉽도록, as know as de wan에서 판매하고 있는 상품을 변형하여 다시 새롭게 제작한 작품도 있으니 참고 바랍니다.

★ 본 서적에 게재한 작품을 복제해 판매(온/오프라인 판매 등) 하는 것은 금지합니다. D.I.Y를 즐기기 위해서만 이용해 주세요.

F.
후드 점퍼+팬츠
p.14

G.
썸머 원피스
p.16

M.
긴소매 셔츠+팬츠
p.23

N.
점프슈트
p.24

O.
원피스
p.25

P.
멜빵바지
p.26

Q.
점퍼스커트
p.26

소품

V.
페이즐리 스누드
p.34

W.
페이크 칼라
p.35

X.
니트 워치 캡
p.36

Y.
산책 가방
p.36

Z.
양면 매트
p.37

Casual Wear
캐주얼 웨어

귀여운 강아지에게 딱 맞는 멋스러운 옷을 소개합니다.

탱크톱은 배 쪽 밑단에 고무줄을 넣어
몸에 딱 맞도록 만들었습니다.

탱크톱+스커트

심플한 디자인이지만 리본으로 어깨를 장식하여 포인트 준 사랑스러운 탱크톱입니다.
귀여운 3단 프릴 데님 스커트를 매치하여 귀여움을 더했습니다.

How to make p.40

Casual Wear

B.
티셔츠+스커트+캐미솔

레이어드 스타일의 티셔츠와 캐미솔이 세트인 아이템입니다. 캐미솔의 어깨끈에
프린지 장식을 달아 포인트를 주었습니다.

How to make p.50

티셔츠와 스커트만으로도 깔끔
하게 코디할 수 있습니다.

Casual Wear

C.
튜닉+팬츠

마치 발레 튜튜 같은 튜닉은 바이어스로 재단한 원단에 주름을 잡아 볼륨감 넘치는 3단 프릴로 만들어 티셔츠에 달아주고, 데님 팬츠와 멋스러운 코디를 연출했습니다.

How to make p.52

목둘레에도 장식 프릴을 달아 귀여운
포인트를 더했습니다.

Casual Wear

D.
맨투맨+팬츠

큰 곰돌이 프린트가 임팩트 있는 맨투맨은 드롭 숄더로 만들어 편안하면서도 자연스러운 멋을 연출하였습니다.

How to make p.54

목둘레, 소매 밑단, 몸판 밑단에 부드러운
시보리를 달아 착용감이 뛰어납니다.

같은 원단으로 아이와 커플룩을
만들어도 좋습니다.

Casual Wear

블라우스 안쪽에 레이어드 한 것처럼 스커트를 달았습니다.

E.
블라우스+스커트

여름에 입기 좋은 마린룩의 블라우스입니다. 큰 세일러 칼라에 배색 면테이프와 별 자수가 포인트이며, 리본을 교차시켜 닻 모양의 단추를 달아주면 더욱 귀여운 스타일링이 완성됩니다.

How to make p.56

Casual Wear

F.
후드 점퍼+팬츠

자카드 니트 원단을 사용해 만든 후드 점퍼입니다. 절개선에 프린지를 더해
심플하면서도 멋스러운 디자인을 완성했습니다.

How to make p.58

팬츠 밑단을 롤업해서 입어도 귀여운
스타일입니다. 꼬리가 불편하지 않도록
패턴을 제작했습니다.

Casual Wear

G.
썸머 원피스

몸판은 니트 원단, 스커트는 코튼 원단으로 서로 다른 소재를 매치한 원피스입니다.
스커트와 소매 프릴은 빨간 실로 인터록 처리하여 포인트를 주었습니다.

How to make p.60

소매 프릴도 스커트와 같은 원단으로 만들었기 때문에 서로 다른 소재의 조합이 더욱 잘 어울리는 느낌을 줍니다.

Casual Wear

Pair Coordinate
페어 코디 (페어룩)

커플룩으로 만들기 좋은 아이템입니다. 같은 원단을 사용하여 커플룩을 연출해도 좋고, 부분 포인트로만 사용하여 만들어도 좋은 디자인을 소개합니다.

H.
페이즐리 원피스

페이즐리 무늬의 론 원단으로 만든 티어드 원피스입니다. 3단으로 된 스커트 밑단에는 귀여운 프릴을 달아주었습니다. 어깨 리본과 칼라 프릴 등 다양한 디테일이 포인트인 아이템입니다.

How to make p.62

b.

아플리케 티셔츠+팬츠

큰 알파벳을 아플리케 해서 만든 티셔츠입니다. 아플리케 둘레는 지그재그로 봉제하여 포인트를 주었습니다. 심플한 디자인이지만 소매 밑단을 롤업하여 입으면 멋스러운 스타일링이 완성됩니다.

How to make p.64

J.

체크 원피스

퍼프소매의 풍성한 실루엣이 사랑스러운 원피스입니다. 소매 밑단에 리본을 달아 포인트를 주었고, 패턴별로 체크무늬 방향을 변형해 재단하여 더욱 멋스럽게 연출했습니다.

How to make p.66

K.
반소매 셔츠+팬츠

기본 아이템인 버튼 다운 셔츠입니다. 몸판에 작은 주머니가 포인트이며, 소재와 무늬에 따라 다양한 분위기를 연출할 수 있습니다.

How to make p.68

L.
체크 원피스

네 가지 종류의 체크무늬를 조합한 티어드 원피스입니다. 풍성한 소매와 큼지막한 둥근 칼라가 여성스러움을 한층 업 시켜줍니다.

How to make p.70

M.
긴소매 셔츠+팬츠

부드럽고 따뜻한 기모 원단으로 만든 긴소매 셔츠입니다. 가을, 겨울에 입기 딱 좋은 아이템이며, 몸판과 소매 밑단에 큰 우드 단추를 달아 포인트를 주었습니다.

How to make p.72

Pair Coordinate

N.
점프슈트

심플한 디자인이지만 벨트고리와 다트가 들어간 주머니 등 멋스러운 디테일들을 추가하여 만든 점프슈트입니다. 얇은 스트레치 데님 등 캐주얼하면서 힘 있는 소재로 만들어 보는 것을 추천합니다.

How to make p.76

O,
원피스

아메카지룩 느낌의 프린트가 포인트인 원피스입니다. 점프슈트에서 영감을 받아 원피스로 변형하여 만들었습니다. 자잘한 프릴이 층층이 달려있어 귀여운 여자아이에게 잘 어울리는 디자인입니다.

How to make p.74

Pair Coordinate

팬츠 스타일은 등에 큰 주머니를 달아 포인트를 주었습니다. 착용 후, 어깨의 끈을 묶어 사이즈 조절이 가능합니다.

허리에는 따로 절개 없이 밑단을 향해 A라인으로 퍼지는 여성스러운 실루엣으로 옆선에는 2가지 사이즈로 가슴 둘레를 조절할 수 있는 도트 단추를 달았습니다.

P, Q,
멜빵바지&점퍼스커트

데님 원단은 어떤 이너와도 매치하기 쉬운 아이템입니다. 더블 스티치로 디테일이 한층 더 돋보이도록 만들었습니다.

How to make p.80(**P**) p.78(**Q**)

Pair Coordinate

Outer Wear
아우터 웨어

한 벌로 입어도 좋고, 레이어드해서 입어도 좋은 멋스러운
아우터 4벌을 소개합니다.

후드는 탈부착이 가능하기 때문에 클래식한 스타일과 캐주얼한 스타일 모두 즐길 수 있는 디자인입니다.

R.
후드 트렌치 코트

기본 아우터라고 하면 빼놓을 수 없는 트렌치 코트입니다. 허리와 소매에 벨트를 달아 트렌치코트의 느낌을 살렸습니다. 소매 쪽 벨트는 조금 위쪽에 달아 소매단을 살짝 롤업해서 입어도 멋스러운 아이템입니다.

How to make p.82

S.
양면 케이프

걸치기만 해도 멋스러운 룩이 완성되는 케이프입니다. 등에는 리드 줄을 걸 수 있도록 구멍을 뚫어 안심하고 산책할 수 있도록 만들었습니다. 안쪽은 부드러운 덤블링 원단으로 만들었으며, 양면으로 입을 수 있는 아이템입니다.

How to make p.85

T.
후드 재킷

아우터 하나로 스타일링의 주인공이 되고 싶다면 레오파드 무늬를 추천합니다.
촉감이 좋은 덤블링 원단을 사용하면 고급스럽고 럭셔리한 분위기가 연출됩니다.

How to make p.86

동그란 꼬리를 달아주면 엉덩이가
한층 더 귀여워집니다.

U.
롬퍼스

새하얀 덤블링 원단으로 만든 롬퍼스입니다. 꽉 조이는 느낌이 없는 롬퍼스는 언제 어디서나 편하게 입을 수 있는 아이템입니다. 귀 부분에 배색천을 매치하여 포인트를 주었습니다.

How to make p.88

Outer Wear

Accessories
소품

코디네이트의 포인트가 되는 아이템과 산책할 때 편하게 들 수 있는 가방 등 다양한 소품을 소개합니다.

V.
페이즐리 스누드

밥 먹을 때 강아지의 늘어진 귀를 보호하기도 하고, 안쪽 주머니에 보냉제(아이스팩)나 핫팩을 넣어 목에 감아 주는 등 다양한 용도로 사용하기 좋은 스누드입니다.

How to make p.92

W.
페이크 칼라

심플한 옷에 포인트를 더해주는 페이크 칼라입니다. 라운드 칼라의 디자인으로 귀여운 분위기를 연출할 수 있으며, 앞, 뒤 어느 쪽으로 사용해도 스타일링이 가능한 아이템입니다.

How to make p.91

Accessories

X.
니트 워치 캡

고무줄 고리에 귀를 넣어 씌우면 강아지 머리에 딱 맞는 캐주얼한 스타일의 니트 워치 캡입니다. 베이직하고 심플해서 어떤 코디와도 매치하기 좋은 매력적인 아이템입니다.

How to make p.90

Y.
산책 가방

강아지와 산책할 때 들고 다니기 좋은 편리한 가방입니다. 양 사이드에는 물건을 정리할 수 있는 큰 주머니가 달려있습니다. 넉넉한 사이즈로 짐을 충분히 여유 있게 넣을 수 있도록 만들었습니다.

How to make p.94

Z.
양면 매트

데님과 페이즐리 무늬로 만들어 양면으로 사용할 수 있는 양면 매트입니다. 집안이나 카페 등, 어디서나 편하게 사용할 수 있는 디자인입니다. 솜을 넣어서 부드럽고 푹신하게 만들어 강아지가 편하게 쉴 수 있도록 만들었습니다.

How to make p.93

Accessories

Basic
제작의 기초 이해하기

소잉을 시작하기 전에 제작의 기초를 이해해 봅시다.

필요한 도구

판매처 : 패션스타트, 심플소잉, 퀼트스타

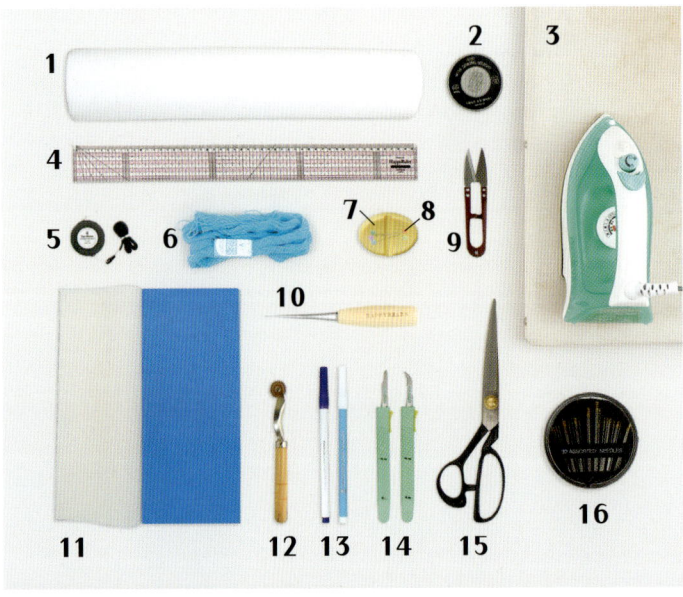

1. **패턴지** 폴리에스테르 부직포 성분으로 연필, 초크 등으로 잘 그려집니다. 패턴을 복사하기 쉬운 부직포 패턴지를 사용하면 좋습니다.
2. **문진** 원단과 패턴이 서로 뒤틀리지 않도록 묵직하게 고정해 주는 누름쇠입니다.
3. **다리미&다리미판** 완성선 또는 시접을 접거나, 심지를 붙이고 주름을 펼 때 사용합니다.
4. **시접자** 방안 눈금이 그려져 있어 완성선에 평행하게 시접을 그릴 때 유용합니다.
5. **줄자** 신체 치수를 측정하거나 곡선의 치수를 잴 때 사용합니다.
6. **시침실** 가봉 및 본봉 전 원단을 정확히 맞추기 위해 임시고정할 때 사용하는 굵은 두께의 실입니다.
7. **핀쿠션** 자주 사용하는 시침핀, 바늘 등을 적당량 꽂아두고 필요할 때 바로 사용합니다. 자석 타입 핀쿠션을 사용하면 편리합니다.
8. **시침핀** 옷감을 고정하거나 입체 재단 시 사용합니다. 구슬핀, 실크핀 등 용도에 따라서 사용하세요.
9. **쪽가위** 작업 중 가장 많이 사용되는 가위로, 깔끔한 마무리 작업을 위해 꼭 필요합니다.
10. **송곳** 원단에 구멍을 뚫거나 맞춤점을 표시할 때, 미싱으로 봉합할 원단을 밀어주거나 모서리를 꺼낼 때 등 다양한 작업에 사용합니다.
11. **초크페이퍼** 패턴을 원단에 마름질할 때 초크 대신 사용할 수 있는 도구로, 페이퍼를 원단 아래 놓고 위에서 룰렛을 굴려주면 원단에 완성선이 표시됩니다.
12. **룰렛** 톱니를 굴려 원단에 마킹하는 도구로, 초크페이퍼와 함께 사용합니다. 톱니형과 원반형으로 두 가지 타입이 있습니다. 원반형은 헤라로도 사용 가능합니다.
13. **펜초크** 원단에 마름선을 표시하거나 수정할 때 사용합니다.
14. **실뜯개** 봉제가 잘못되어 바늘땀을 뜯어야 할 때나, 단춧구멍을 뚫을 때 유용하게 사용됩니다.
15. **재단가위** 원단 재단에 사용하는 전용 가위로, 자신의 손에 맞는 크기의 가위를 사용하는 것이 좋습니다. 왼손용, 오른손용으로 두 가지 타입이 있습니다.
16. **바늘** 작품의 마무리 또는 장식 작업 시 자주 사용되므로 사이즈별로 준비해두세요.

미싱 바늘과 미싱 실

원단에 맞춰 바늘과 실을 고릅니다.
단추 등을 달 때는 손바느질용 실을 사용합니다.

원단	미싱바늘	미싱실
얇은 원단 (면, 론, 쉬폰 등)	9호	파인 프라임실
보통 두께의 원단 (리넨, 코튼 리넨, 치노, 시팅, 트윌 등)	11, 14호	프라임실
두꺼운 원단(겉쪽 상침용) (데님, 캔버스 등)	16호	스티치 프라임실
니트 원단 (다이마루, 스무드 등)	니트용 미싱 바늘	프라임실

갖춰두면 편리한 도구

원형 재단칼&컷팅매트
신축성이 있는 니트 원단 등은 원형 재단칼을 사용하면 보다 정확하게 재단할 수 있습니다.

집게(픽스 클립)
니트 원단이나 퍼 등 시침핀이 빠지기 쉬운 원단에 끼워 임시고정하는데 편리합니다.

실물 크기 패턴 사용 방법

패턴 베끼는 방법

각 작품의 만드는 방법 페이지에 기재되어 있는 사용 패턴을 확인하고, 실물 크기 패턴을 펼쳐 필요한 패턴 사이즈를 찾아 눈에 띄는 색으로 선을 따라 표시합니다. 그 위에 패턴지 등 얇은 종이를 겹치고 움직이지 않도록 문진으로 고정한 후, 완성선, 맞춤점, 올 방향선, 주머니 다는 곳 등 연필로 빠짐없이 베낍니다.

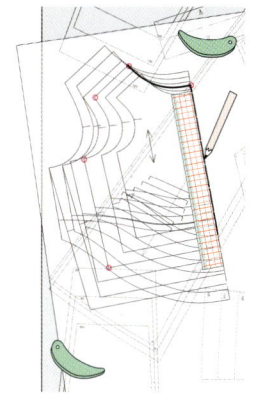

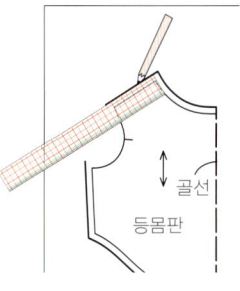

시접 주는 방법

실물 크기 패턴에는 시접이 포함되어 있지 않습니다. 재단 배치도에 기재된 시접량을 참고하여 방안자 등을 사용해 베낀 패턴지의 완성선에 맞춰 평행하게 시접선을 그려줍니다.

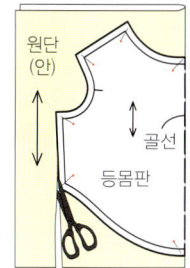

재단하는 방법

재단 배치도를 참고하여 패턴과 원단의 식서방향을 맞춰 배치한 후, 시침핀 등으로 고정하여 패턴의 시접선을 따라 재단합니다.

모서리 시접 처리 방법

몸판 밑단, 소매 밑단 등 완성선이 비스듬한 모서리 부분은
시접을 완성선에 맞춰 접었을 때 시접이 부족하거나 남지 않도록 시접을 더해줍니다.

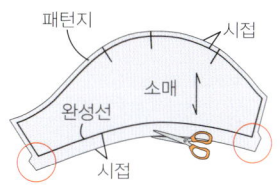

모서리 이외의 부분은 시접선에 맞춰 자르고 모서리 부분은 크게 여백을 주고 자릅니다.

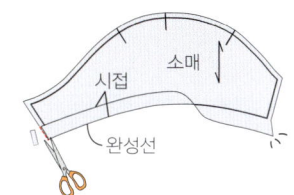

소매 밑단을 완성선에 맞춰 접고, 소매 아래의 시접선을 따라 여분을 자른 뒤, 펼치면 완성입니다.

NG!

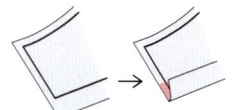

모서리의 시접을 완성선과 평행하게 그릴 경우, 완성선을 접었을 때 시접 끝이 부족할 수 있습니다.

접착심(소잉심지) 붙이는 방법

재단 배치도를 참고해 지정 위치에 접착심(소잉심지)을 붙입니다. 다리미의 온도는 사용할 원단에 맞게 설정합니다. 처음에는 스팀을 주어 다리미를 10초 정도 누른 후, 빈틈이 없도록 구석구석 다리미로 눌러가며 다려줍니다.

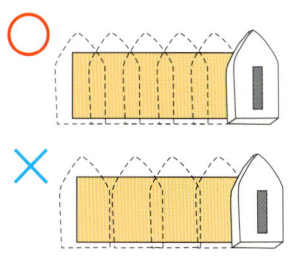

맞춤점 표시하는 방법

원단을 안끼리 맞대고, 사이에 초크페이퍼를 끼웁니다. 패턴 위에 맞춤점을 따라 룰렛으로 눌러 표시합니다.

스프링 도트 단추 다는 방법

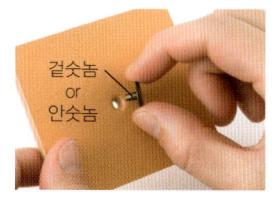

❶ 스프링 도트 단추 다는 곳에 맞춰 구멍펀치 등으로 구멍을 뚫고, 겉숫놈 또는 안숫놈을 끼워 넣습니다.

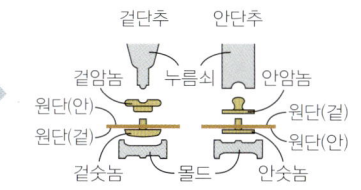

❷ 끼워 넣은 겉숫놈에는 겉암놈을, 안숫놈에는 안암놈을 겹칩니다. 겉·안단추에 따라 사용하는 누름쇠가 다르니 주의합니다.

❸ 겹쳐진 스프링 도트 단추에 누름쇠를 잘 맞춰 놓고 고무망치로 두드려 고정합니다.

❹ 완성!

Lesson
A. 탱크톱+스커트 Photo p.4

▶ **작품 사이즈**
P / 0 / 1 / 2 / 3 / 4 / 5 / SD / MD

▶ **실물 크기 패턴**
탱크톱 : 1면 배몸판, 등몸판, 배밑단, 등밑단, 배안단, 등안단
스커트 : 1면〈공통 스커트〉요크, 프릴A, 프릴B, 프릴C, 스커트 몸판

▶ **재료**
[탱크톱] [왼쪽에서부터 P~2 / 3~5 / SD~MD 사이즈]
· 니트 원단(다이마루 체리 무늬) 170cm폭 × 35 / 50 / 50cm
· 고무줄 0.3cm폭 × 8 / 9 / 10 / 11 / 12 / 13.5 / 14.5 / 12 / 13cm

[스커트] [왼쪽에서부터 0 / 1 / 2 / 3 사이즈]
· 스트레치 원단(데님) 150cm폭 × 25 / 30 / 30 / 35cm

▶ **재단 배치도**

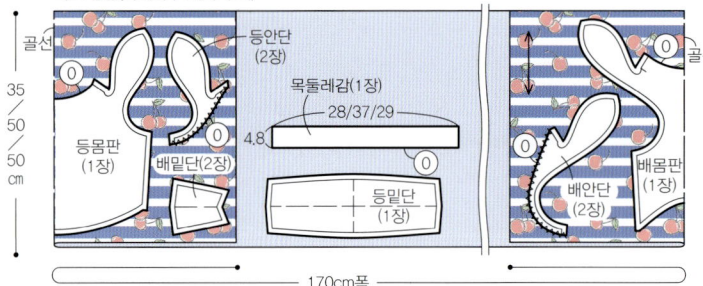

※ 원단 소요량은 위에서부터 P~2 / 3~5 / SD~MD 사이즈
※ 지정 이외의 시접은 0.8cm
※ ∼∼ 부분은 재단 후 지그재그봉제 또는 오버록 처리한다
※ 목둘레감은 기재된 치수에 맞춰 직접 제도하여 사용합니다
   왼쪽에서부터 P~2 / 3~5 / SD~MD 사이즈

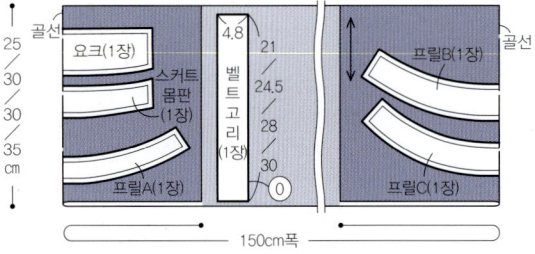

※ 원단 소요량은 위에서부터 0 / 1 / 2 / 3 사이즈
※ 지정 이외의 시접은 0.8cm
※ 벨트고리는 기재된 치수에 맞춰 직접 제도하여 사용합니다
   위에서부터 0 / 1 / 2 / 3 사이즈

▶ **만드는 순서**

목둘레
17/18.5/21.1/24.1/27.4/31/33.7/21.9/24.9

옷길이
13.8/15/17.1/19.6/22.2/25.1/27.4/22.5/25.5

★ 스커트길이
8/10/12/13

★ = 0/1/2/3사이즈

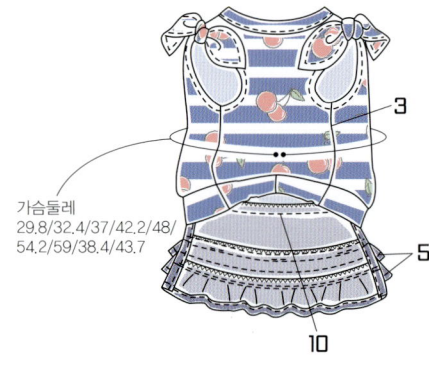

가슴둘레
29.8/32.4/37/42.2/48/54.2/59/38.4/43.7

1. 등몸판에 등안단을 단다

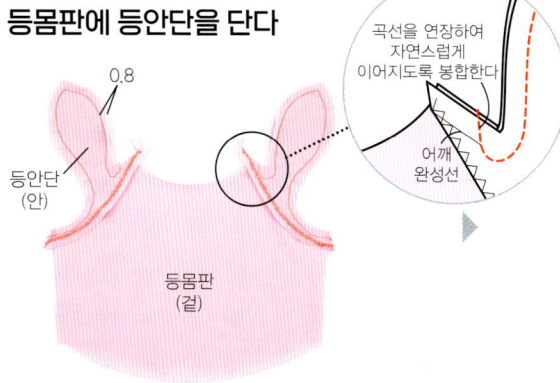
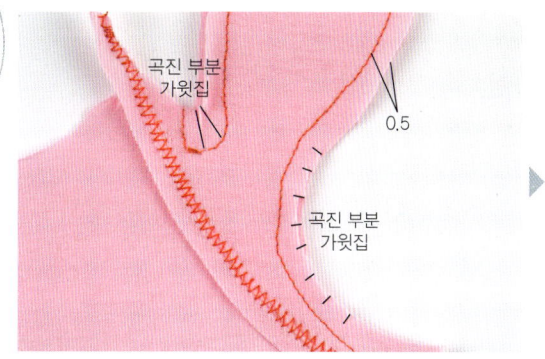

❶ 등몸판과 등안단을 겉끼리 맞대어 봉합합니다. 어깨는 곡선을 연장하여 자연스럽게 이어지도록 원단 끝까지 봉합합니다.

❷ 시접을 0.5cm 남기고 잘라 정리한 뒤, 리본의 양옆 쪽 곡진 부분에 가윗집을 줍니다.

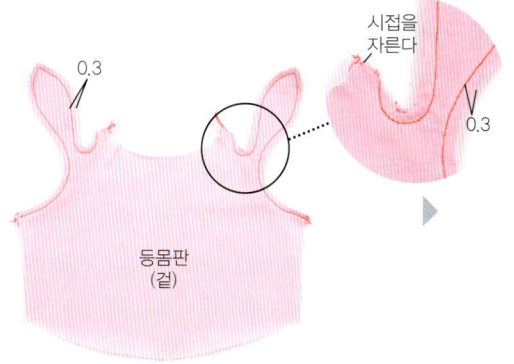
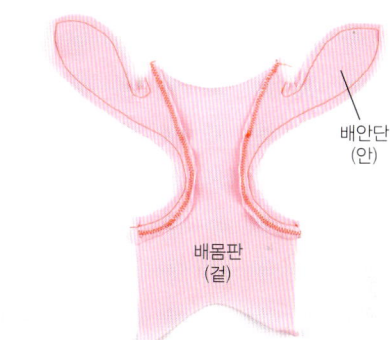

❸ 안단을 겉으로 뒤집어 등몸판 겉에서 0.3cm 상침한 뒤, 튀어나온 안단 시접을 잘라 정리합니다.

❹ 배몸판과 배안단도 ❶~❸과정과 같은 방법으로 만듭니다.

2. 몸판의 어깨와 목둘레를 봉합한다

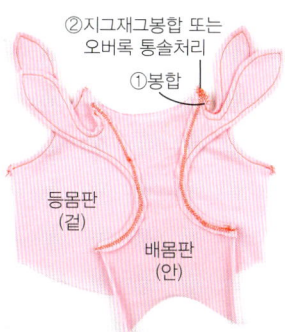
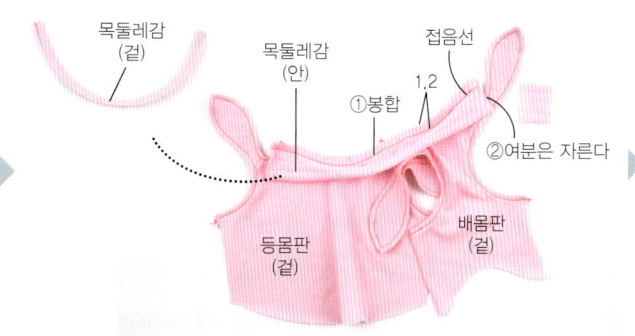

❶ 등몸판과 배몸판을 겉끼리 맞대고, 오른쪽 어깨를 0.8cm로 봉합합니다. 시접을 2장 함께 지그재그봉합 또는 오버록 통솔처리 한 뒤, 등몸판 쪽으로 넘깁니다.

❷ 목둘레감을 세 번 접어 다립니다.(p.51/【티셔츠】1-① 참고) 목둘레감의 한쪽 시접을 펼쳐 몸판과 목둘레감을 겉끼리 맞대고 접음선에 맞춰 봉합합니다. 남은 목둘레감은 잘라냅니다.

Lesson 41

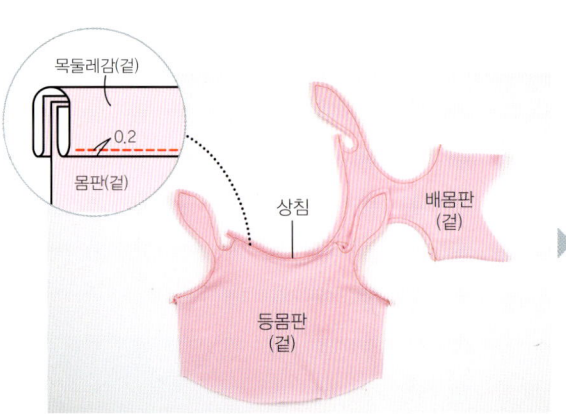

❸ 목둘레감을 몸판 안으로 넘겨 시접을 감싼 뒤, 목둘레를 상침합니다.

❹ 등몸판과 배몸판을 겉끼리 맞대어 왼쪽 어깨를 0.8cm로 봉합합니다. 시접을 2장 함께 지그재그봉합 또는 오버록 통솔처리 한 뒤, 등몸판 쪽으로 넘겨 등몸판 겉에서 시접을 고정 상침합니다. 오른쪽 어깨 시접은 상침선에 겹쳐 다시 고정 상침합니다.

3. 몸판의 옆선을 봉합한다

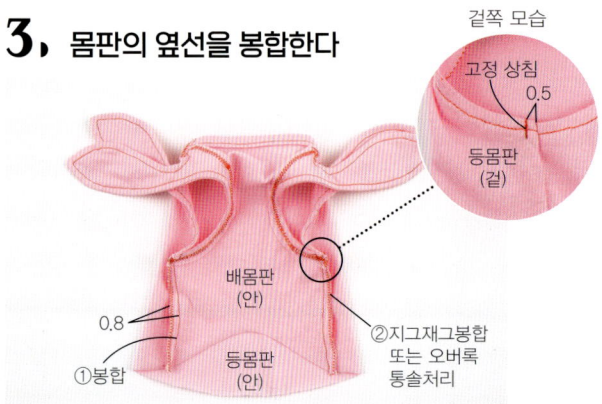

등몸판과 배몸판을 겉끼리 맞대어 옆선을 봉합하고, 시접을 2장 함께 지그재그봉합 또는 오버록 통솔처리 한 뒤, 그 시접을 등몸판 쪽으로 넘겨 고정 상침합니다.

4. 밑단감을 만들어 몸판에 단다

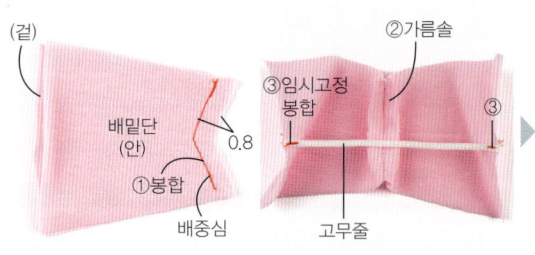

❶ 배밑단 2장을 겉끼리 맞대어 배중심을 봉합하고, 시접을 가름솔합니다. 배밑단의 접음선 아래에 고무줄을 얹어 양 옆선 시접에 임시고정 봉합합니다.

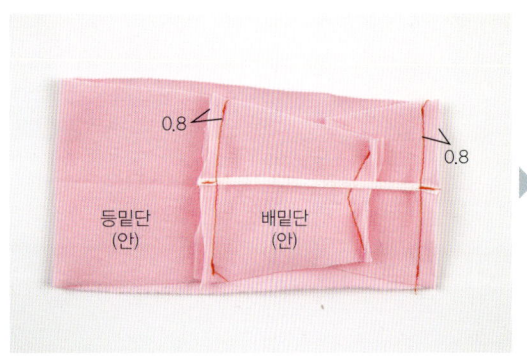

❷ 등밑단과 배밑단을 겉끼리 맞대어 옆선을 봉합하고, 시접을 등밑단 쪽으로 넘깁니다.

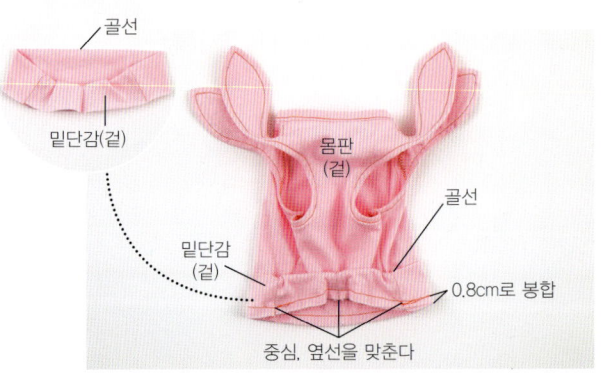

❸ 밑단감을 안끼리 맞대어 반으로 접습니다. 몸판과 밑단감을 겉끼리 맞대고, 중심과 옆선의 솔기를 맞춰 봉합합니다. 몸판보다 밑단감의 둘레 길이가 짧기 때문에 몸판의 밑단 길이에 맞춰 밑단감을 당겨가면서 봉합합니다.

5. 프릴을 만든다

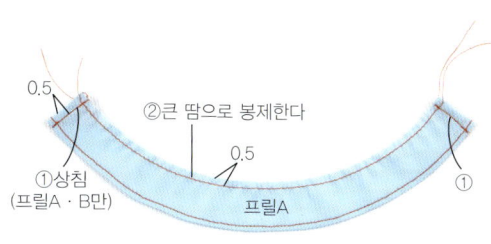

❶ 프릴A・B・C의 밑단을 0.4→0.4cm로 안으로 두 번 접어 상침합니다. 프릴A의 양 옆선, 프릴B의 양 옆선과 위쪽을 지그재그봉제 또는 오버록 처리합니다.

❷ 프릴A・B의 양 옆선을 완성선에 맞춰 접어 상침합니다. 프릴A・B・C의 위쪽을 큰 땀으로 봉제합니다.

6. 스커트 몸판에 프릴C를 단다

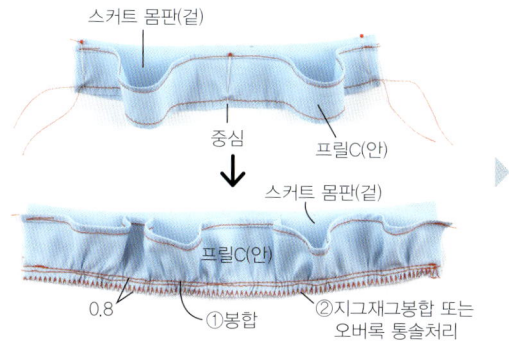
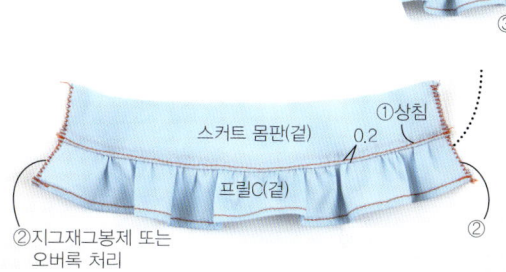

❶ 스커트 몸판과 프릴C를 겉끼리 맞대고, 옆선과 중심을 맞춰 시침핀으로 고정시킵니다. 프릴C를 스커트 몸판 아래쪽 길이에 맞춰 실을 당겨 주름을 잡고, 봉합한 뒤, 그 시접을 2장 함께 지그재그봉합 또는 오버록 통솔처리합니다.

❷ 시접을 스커트 몸판 쪽으로 넘기고 겉에서 상침합니다. 양 옆선에 지그재그봉제 또는 오버록 처리하고, 완성선에 맞춰 접어 상침합니다.

7. 스커트 몸판에 프릴B를 단다

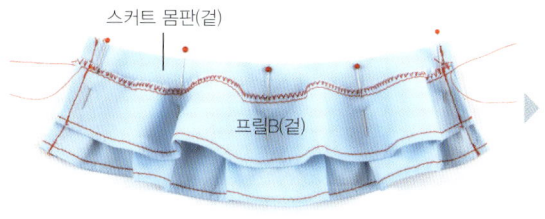
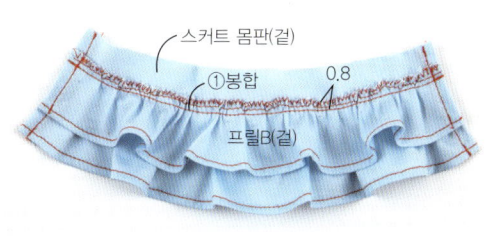

❶ 스커트 몸판 위에 프릴B 다는 곳에 맞춰 얹혀 시침핀으로 고정시킵니다.

❷ 프릴B 다는 곳에 맞춰 실을 당겨 주름을 잡고, 봉합합니다.

8. 스커트 몸판에 프릴A를 달고, 요크를 연결한다

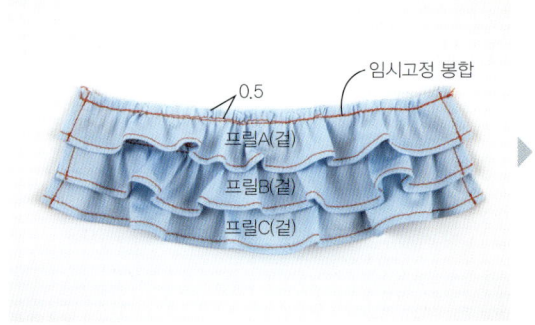

❶ 프릴A를 스커트 몸판 위쪽 길이에 맞춰 실을 당겨 주름을 잡고, 스커트 몸판 위에 얹혀 임시고정 봉합합니다.

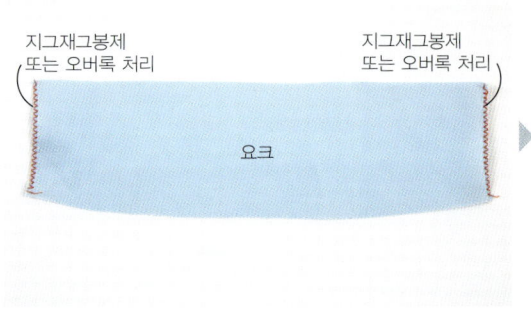

❷ 요크의 양 옆선 시접에 지그재그봉제 또는 오버록 처리합니다.

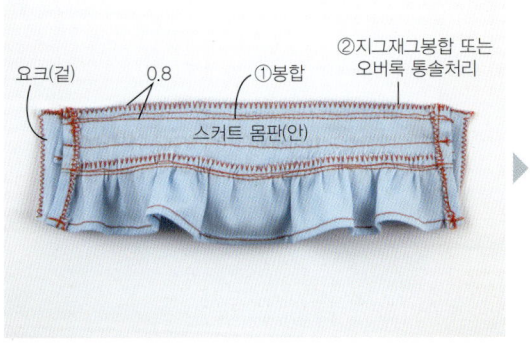

❸ 프릴A와 요크를 겉끼리 맞대어 봉합하고, 시접을 3장 함께 지그재그봉합 또는 오버록 통솔처리합니다.

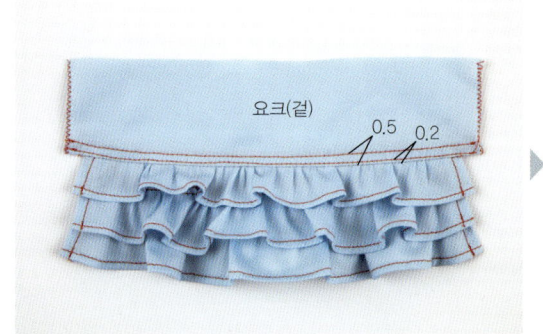

❹ 시접을 요크 쪽으로 넘기고, 두 줄 상침합니다.

❺ 요크의 양 옆선을 완성선에 맞춰 접어 상침합니다.

9. 벨트고리를 만들어 요크에 단다

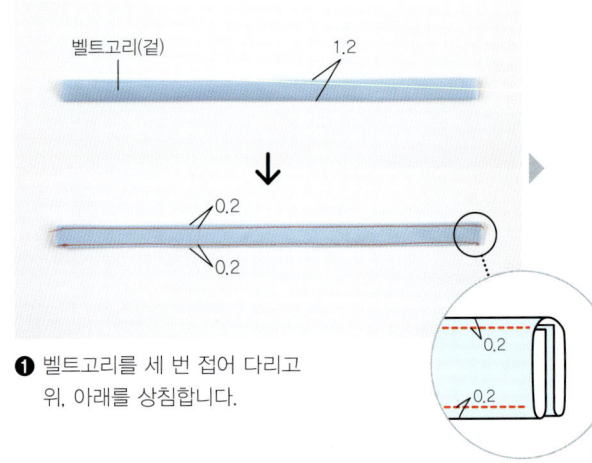

❶ 벨트고리를 세 번 접어 다리고 위, 아래를 상침합니다.

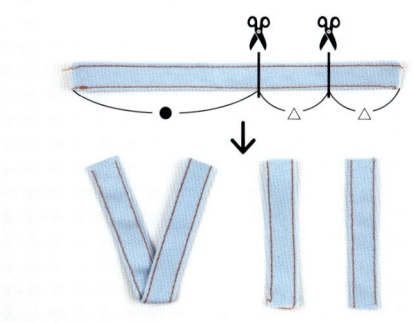

❷ 벨트고리를 길이에 맞춰 자릅니다.
　벨트고리 길이 ●=11/12.5/14/15　△=5/6/7/7.5

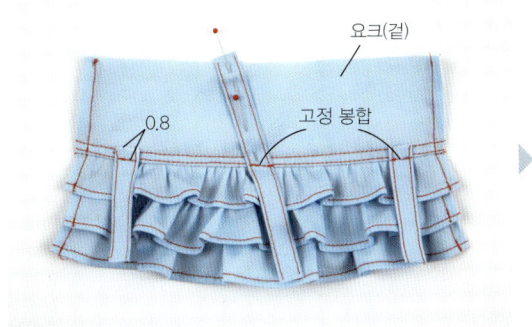

❸ 벨트고리를 요크 위에 얹혀 고정 봉합합니다.

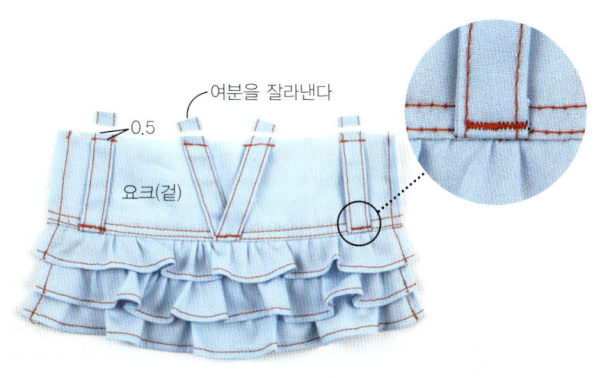

❹ 벨트고리를 위로 젖혀 요크 허리 시접에 임시고정 봉합하고, 벨트고리 아래쪽에 되돌아박기하여 고정 상침합니다. 요크 위쪽으로 튀어나온 벨트고리의 여분을 잘라냅니다.

10. 몸판에 스커트를 단다

❶ 등밑단감의 등중심과 요크의 뒷중심을 겉끼리 맞대어 봉합합니다.

❷ 시접을 3장 함께 지그재그봉합 또는 오버록 통솔처리한 뒤, 몸판 쪽으로 넘깁니다.

완성!

Lesson 45

Size
사이즈에 대해서

반려견의 누드 사이즈를 재고 난 다음, 아래의 누드 사이즈표와 각 작품의 만드는 방법 페이지에 기재된 완성 사이즈를 참고하여 반려견에게 맞는 착용 사이즈를 선택합니다.

누드 사이즈

목둘레, 가슴둘레를 측정할 때는 줄자로 강아지를 꽉 조르지 않도록 주의해 주세요.

목둘레 … 목의 굵은 곳을 한 바퀴 돌려 측정한 길이
가슴둘레 … 몸통의 가장 굵은 부분을 한 바퀴 돌려 측정한 길이
옷길이 … 목부터 꼬리까지의 길이

완성 사이즈

패턴의 목둘레·가슴둘레는 [누드 사이즈+몇cm]의 여유분을 포함해 움직임이 편하도록 제작하였습니다.

목둘레 … 목둘레 원단 위쪽을 한 바퀴 돌려 측정한 길이
가슴둘레 … 암홀 아래를 기준으로 몸통을 한 바퀴 돌려 측정한 길이
옷길이 … 등중심의 목둘레에서부터 밑단까지의 길이

※상의는 밑단감을 포함하지 않은 길이로 기재하고 있습니다.
※공통 스커트·팬츠를 다는 경우에는 상·하의의 길이를 따로 기재하고 있습니다.

누드 사이즈

※숫자의 단위는 cm

	P	0	1	2	3	4	5	SD	MD
목둘레	15 ~ 17	18 ~ 20	21 ~ 24	24 ~ 27	27 ~ 33	31 ~ 36	34 ~ 39	21 ~ 25	24 ~ 29
가슴둘레	25 ~ 27	27 ~ 30	31 ~ 35	36 ~ 40	41 ~ 45	46 ~ 50	51 ~ 56	33 ~ 38	38 ~ 44
옷길이	~ 23	23 ~ 26	26 ~ 29	30 ~ 33	34 ~ 37	38 ~ 40	41 ~ 45	31 ~ 35	36 ~ 40
체중(kg)	~ 1.2	1.3 ~ 2.2	2 ~ 3.3	3.2 ~ 4.8	4.8 ~ 6.5	6.5 ~ 9.5	9.5 ~ 13	3 ~ 4.5	4 ~ 6
추천 견종	치와와/파피용/요크셔테리어/토이푸들/말티즈/포메라니안 외				시츄/카발리에 킹 찰스 스패니얼 외	프렌치 불독/퍼그 외	웰시코기/시바견/비글 외	미니어처 닥스훈트 외	

공통 팬츠와 스커트 사이즈 고르는 방법

상의와 하의를 매치하는 디자인의 경우, 스커트와 팬츠 사이즈는 등길이에 맞춰 고릅니다.
팬츠와 스커트는 바꿔 다는 것도 가능합니다.

상의 사이즈	P	0	1	2	3	4	5	SD	MD
스커트 사이즈	0	0	0, 1	1, 2	2, 3	3	3	1, 2	2
팬츠 사이즈	P	P ~ 1	0, 1	1, 2	2, 3	3, 4	4	1, SD	2, MD

모델견 사이즈

화보에 등장한 모델견의 사이즈입니다. 사이즈 선택 시 참고해 보세요.

※숫자의 단위는 cm

나튀르
<토이푸들>

목둘레	17	가슴둘레	28
등길이	19	체중	1.3kg
착용 사이즈	0호		

신노스케
<치와와>

목둘레	17	가슴둘레	27
등길이	18	체중	1.6kg
착용 사이즈	0호		

마우
<토이푸들>

목둘레	19	가슴둘레	31
등길이	24	체중	2kg
착용 사이즈	1호		

니코
<토이푸들>

목둘레	18	가슴둘레	32
등길이	28	체중	2.4kg
착용 사이즈	1호		

리코
<토이푸들>

목둘레	17	가슴둘레	32
등길이	23	체중	2.5kg
착용 사이즈	1호		

토아
<토이푸들>

목둘레	19	가슴둘레	34
등길이	28	체중	2.7kg
착용 사이즈	1호		

클로에
<치와와>

목둘레	23.5	가슴둘레	36
등길이	27	체중	2.8kg
착용 사이즈	1호		

카르
<토이푸들>

목둘레	19	가슴둘레	36
등길이	24	체중	2.8kg
착용 사이즈	1호		

노엘
<믹스견>

목둘레	19	가슴둘레	31
등길이	25	체중	2.8kg
착용 사이즈	1호		

아프로
<토이푸들>

목둘레	21	가슴둘레	33
등길이	23.5	체중	2.9kg
착용 사이즈	1호		

루디
<치와와>

목둘레	23	가슴둘레	39
등길이	29	체중	3kg
착용 사이즈	1호		

미쿠루
<토이푸들>

목둘레	22.5	가슴둘레	37
등길이	30	체중	3kg
착용 사이즈	1호		

Size

※숫자의 단위는 cm

라이무
<카니헨 닥스훈트>
목둘레	19	가슴둘레	34.5
등길이	29	체중	3.1kg
착용 사이즈	1호		

왕동
<카니헨 닥스훈트>
목둘레	23	가슴둘레	32
등길이	30	체중	3.3kg
착용 사이즈	SD		

안지
<토이푸들>
목둘레	24	가슴둘레	39
등길이	31	체중	3.5kg
착용 사이즈	2호		

무기
<토이푸들>
목둘레	23	가슴둘레	36
등길이	28	체중	3.6kg
착용 사이즈	2호		

코코
<비숑 프리제>
목둘레	23	가슴둘레	34
등길이	32	체중	3.75kg
착용 사이즈	1~2호		

마롱
<말티푸>
목둘레	23	가슴둘레	38
등길이	30	체중	4kg
착용 사이즈	2호		

무
<토이푸들>
목둘레	23	가슴둘레	39
등길이	33	체중	4kg
착용 사이즈	2호		

유히
<미니어처 닥스훈트>
목둘레	24	가슴둘레	39
등길이	37	체중	4.6kg
착용 사이즈	MD		

러프
<토이푸들>
목둘레	27	가슴둘레	43
등길이	34	체중	5.3kg
착용 사이즈	3호		

와타아메
<페키니즈>
목둘레	32	가슴둘레	44
등길이	34	체중	5.8kg
착용 사이즈	3호		

안미츠
<미니어처 슈나우저>
목둘레	27	가슴둘레	47
등길이	34	체중	7kg
착용 사이즈	3호		

마메
<프렌치 불독>
목둘레	36	가슴둘레	53
등길이	38	체중	9.5kg
착용 사이즈	3~4호		

How to make

- 제작 설명서 내에 기재된 재료와 치수는 왼쪽 또는 위에서부터 P/0/1/2/3/4/5/SD/MD 사이즈를 나타내고 있습니다. 디자인에 따라서는 P, 5, SD, MD 사이즈가 없는 경우도 있으므로 주의해 주세요.

- 재료의 사이즈는 폭 X 길이 순으로 표기되어 있습니다. 원단의 무늬를 맞춰 재단하는 경우, 기재된 원단 소요량과 차이가 있을 수 있으므로 주의해 주세요.

- 제작 설명서 내에 표기된 숫자의 단위는 cm입니다.

- 공통 팬츠와 스커트 사이즈 고르는 방법은 p.46을 참고해 주세요.

- 재단 배치도는 2호 사이즈를 기준으로 하고 있습니다. 다른 사이즈로 제작하거나 다른 폭의 원단으로 제작 시 소요량과 패턴 배치에 차이가 생길 수 있으므로 재단에 들어가기 전, 반드시 원단 위에 패턴을 배치해 본 뒤, 확인하여 재단합니다.

- 직선으로만 이루어진 패턴은 실물 크기 패턴에 수록되어 있지 않을 수 있습니다. 재단 배치도에 기재되어 있는 치수를 참고한 뒤, 직접 제도하여 사용해 주세요.

- 실물크기 패턴에는 시접이 포함되어 있지 않습니다. 재단 배치도에 기재된 시접량을 참고하여 시접을 더해주세요. 실물 크기 패턴 사용 방법은 p.39을 참고해 주세요.

- 니트 원단을 사용하는 작품은 목둘레와 밑단감 등을 봉합할 때, 봉제 방법을 삼봉처리하여도 가능합니다. 그 경우, 미싱 실은 니트용이 아니어도 괜찮습니다.

- D.맨투맨(p.10), N.점프슈트(p.24), O.원피스(p.25)의 등에 사용된 프린트는 아래의 URL을 통해 다운로드할 수 있습니다. 의류 전사지 시트 등에 인쇄해서 사용해 주세요.
https://www.tezukuritown.com/nv/c/c80600dog/

B. Photo p.6

티셔츠 + 스커트 + 캐미솔

▶ 작품 사이즈
【티셔츠, 캐미솔】
0 / 1 / 2 / 3 / 4 / SD / MD

▶ 실물 크기 패턴
티셔츠 : 1면 배몸판, 등몸판, 소매, 배밑단, 등밑단
캐미솔 : 1면 배몸판, 등몸판
스커트 : 1면〈공통 스커트〉 요크, 프릴A, 프릴B, 프릴C, 스커트 몸판

▶ 재료
[티셔츠] [왼쪽에서부터 0~2 / 3~4 / SD~MD 사이즈]
· 니트 원단(굵은 스트라이프) 150cm폭 × 30 / 40 / 35cm
· 니트 원단(얇은 스트라이프) 150cm폭 × 15 / 20 / 15cm
· 고무줄 0.3cm폭 × 9 / 10 / 11 / 12 / 13.5 / 12 / 13cm
[캐미솔] [왼쪽에서부터 0~2 / 3~4 / SD~MD 사이즈]
· 니트 원단(블루) 110cm폭 × 30 / 40 / 35cm
[스커트]
· A와 동일한 스커트입니다. p.40을 참고하세요.

재단 배치도

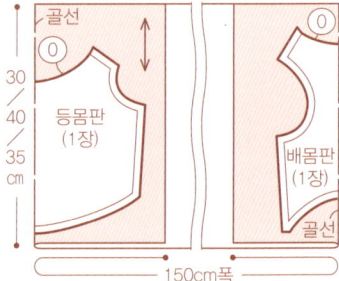

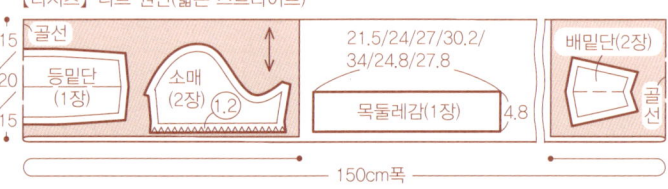

※ 원단 소요량은 위에서부터 0~2 / 3~4 / SD~MD 사이즈
※ 지정 이외의 시접은 0.8cm
※ 〰 부분은 재단 후 지그재그봉제 또는 오버룩 처리한다
※【티셔츠】 목둘레감,【캐미솔】 등목둘레감, 암홀 · 어깨둘레감.
프린지는 기재된 치수에 맞춰 직접 제도하여 사용합니다
왼쪽에서부터 0 / 1 / 2 / 3 / 4 / SD / MD 사이즈

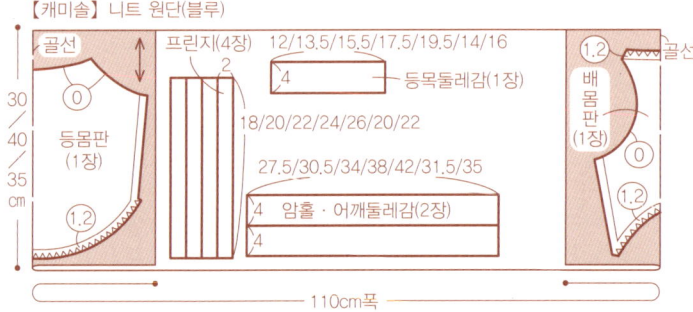

만드는 순서

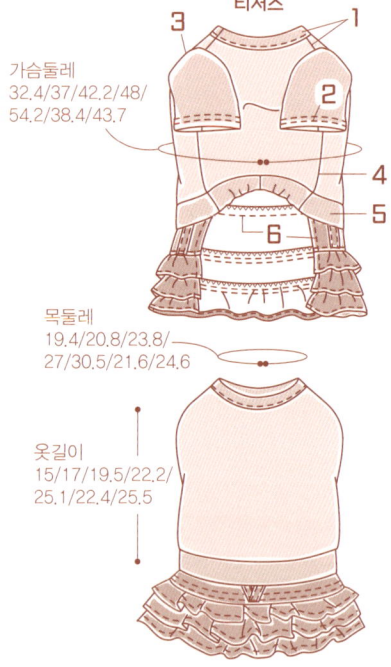

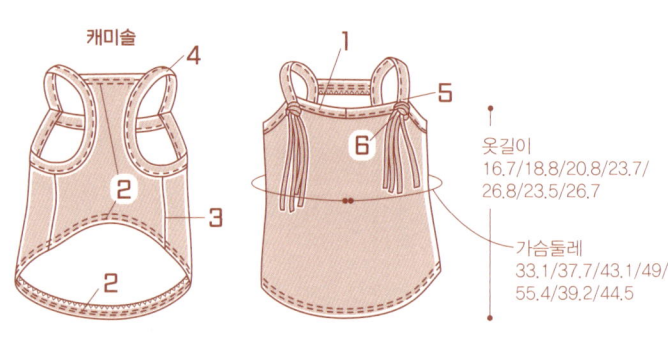

【티셔츠】

1. 몸판의 어깨를 봉합한다

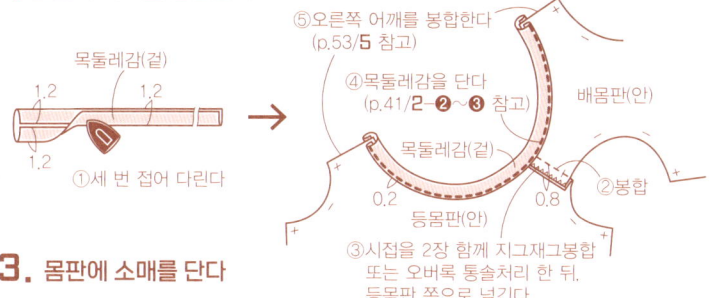

2. 소매의 밑단을 정리한다

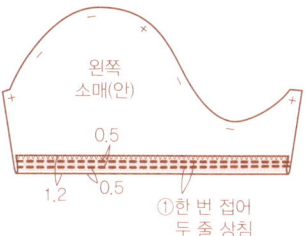

3. 몸판에 소매를 단다

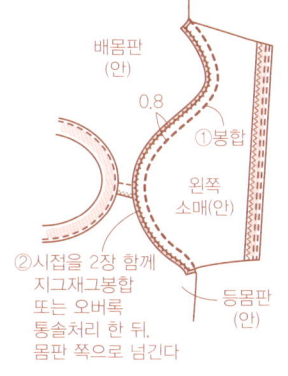

4. 몸판과 소매의 옆선을 한 번에 이어서 봉합한다

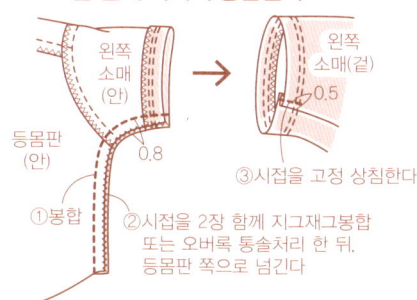

5. 밑단감을 만들어 몸판에 단다 (p.42/4 참고)

6. 스커트를 만들고, 몸판에 스커트를 단다
※스커트 만드는 방법(p.43/5~10 참고)

【캐미솔】

1. 등몸판에 등목둘레감을 단다

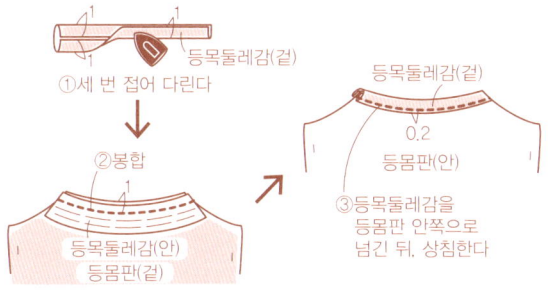

2. 몸판의 목둘레, 밑단을 정리한다

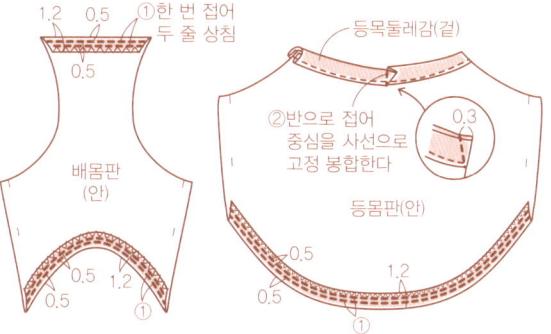

3. 몸판의 옆선을 봉합한다 (p.61/7 참고)

4. 몸판 암홀둘레에 암홀·어깨둘레감을 단다

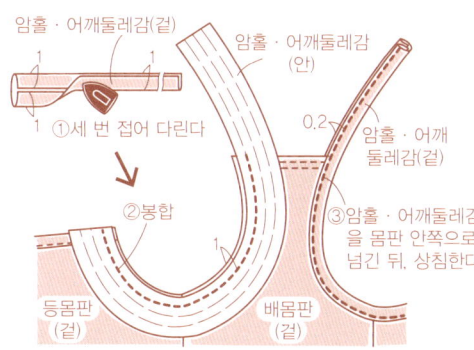

5. 암홀·어깨둘레감 끝을 고리로 만들어 등몸판에 단다

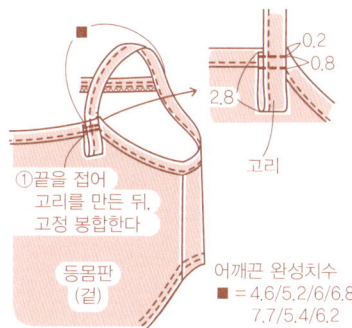

어깨끈 완성치수
■ = 4.6/5.2/6/6.8/7.7/5.4/6.2

6. 고리에 프린지를 단다

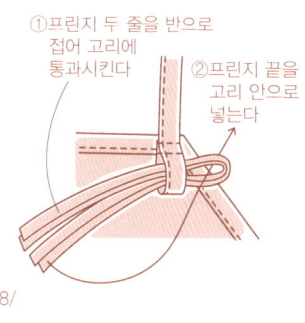

C. Photo p.8

튜닉+팬츠

▶ 작품 사이즈
P / 0 / 1 / 2 / 3 / 4 / SD / MD

▶ 실물 크기 패턴
튜닉 : 2면 배몸판, 등몸판, 소매, 배밑단, 등밑단
팬츠 : 1면〈공통 팬츠〉요크, 팬츠, 주머니

▶ 재료

[튜닉] [왼쪽에서부터 P~2 / 3~4 / SD~MD 사이즈]
· 니트 원단(화이트) 170cm폭 × 40 / 50 / 45cm
· 코튼 원단(깅엄 체크) 110cm폭 × 80 / 100 / 90cm
· 코튼 원단(블랙) 110cm폭 × 80 / 100 / 90cm
· 고무줄 0.3cm폭 × 8 / 9 / 10 / 11 / 12 / 13.5 / 12 / 13cm

[팬츠]
· 1와 동일한 팬츠입니다. p.64~65를 참고하세요.

재단 배치도

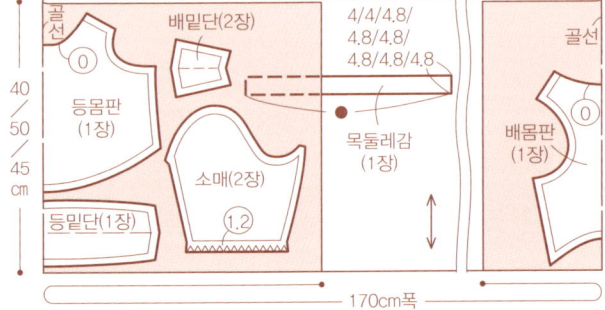

니트 원단(화이트)

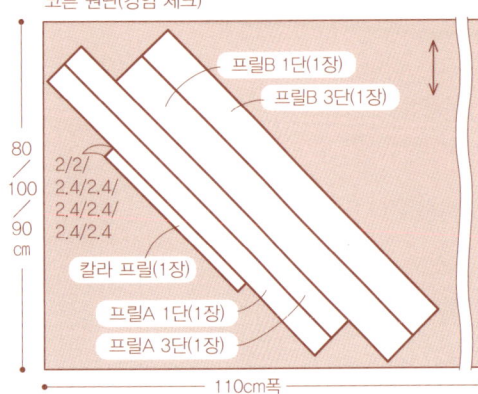

코튼 원단(깅엄 체크)

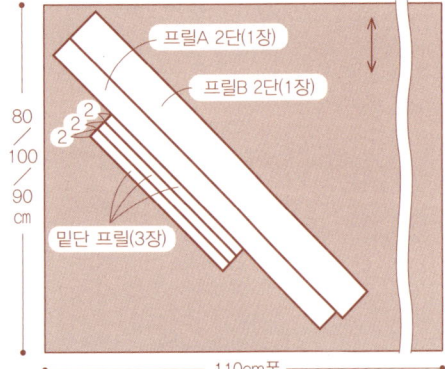

코튼 원단(블랙)

※ 원단 소요량은 위에서부터 P~2 / 3~4 / SD~MD 사이즈
※ 지정 이외의 시접은 0.8cm
※ ～～ 부분은 재단 후 지그재그봉제 또는 오버록 처리한다
※ 목둘레감, 프릴A 1~3단, 프릴B 1~3단, 칼라 프릴,
   밑단 프릴은 기재된 치수에 맞춰 직접 제도하여 사용합니다
   왼쪽에서부터 P / 0 / 1 / 2 / 3 / 4 / SD / MD 사이즈

목둘레감
● = 21.3/22/22.2/25.2/28.4/31.9/23/26

칼라 프릴
길이 = 22.5/23.5/24.5/28/32/36/25.5/29

프릴A 1단
폭 = 3/3.5/4/4.5/5.5/6/4.5/5
길이 = 60/65/75/85/96.5/109/77.5/88

프릴A 3단
폭 = 4/4.5/5/5.5/6.5/7/5.5/6
길이 = 프릴A 1단과 동일

프릴B 1단
폭 = 5/6/7/8/9/10.5/7/8.5
길이 = 61/67/76/87/99/112/79/90

프릴B 3단
폭 = 6/7/8/9/10/11.5/8/9.5
길이 = 프릴B 1단과 동일

프릴A 2단
폭 = 3.5/4/4.5/5/6/6.5/5/5.5
길이 = 프릴A 1단과 동일

프릴B 2단
폭 = 5.5/6/6.5/7.5/8.5/9.5/11/7.5/9
길이 = 프릴B 1단과 동일

밑단 프릴
길이 = 30/32/37/42/48/54/38/44

만드는 순서

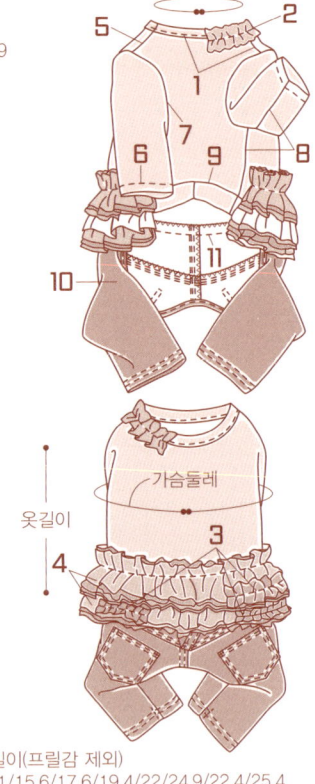

목둘레
19.7/20.4/20.6/23.6/26.8/30.3/21.4/24.4

가슴둘레

옷길이

옷길이(프릴감 제외)
14.1/15.6/17.6/19.4/22/24.9/22.4/25.4

가슴둘레
30.4/33.1/37.7/43.1/49/55.4/39.2/44.6

1. 몸판의 왼쪽 어깨를 봉합하고, 목둘레감을 단다 (p.51/[티셔츠]1-①~④ 참고)

2. 몸판에 칼라 프릴을 단다

3. 프릴A, B의 1단에 밑단 프릴을 단다

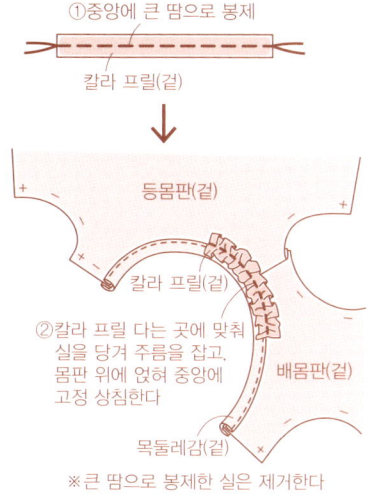

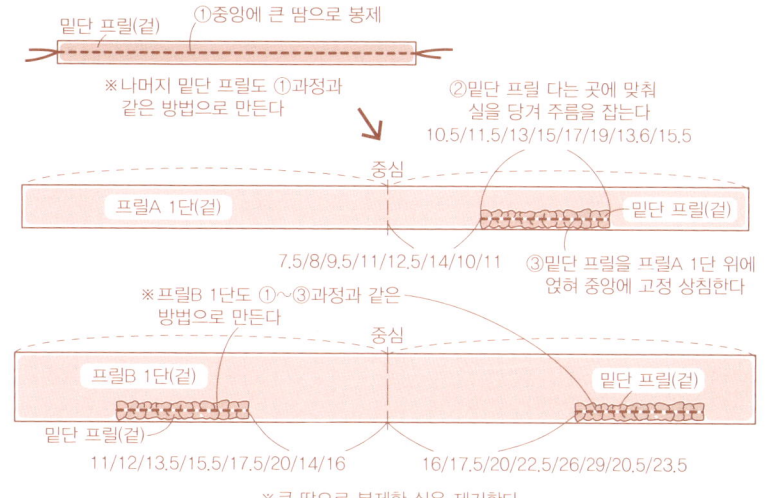

4. 프릴A·B를 만들어 등몸판에 단다

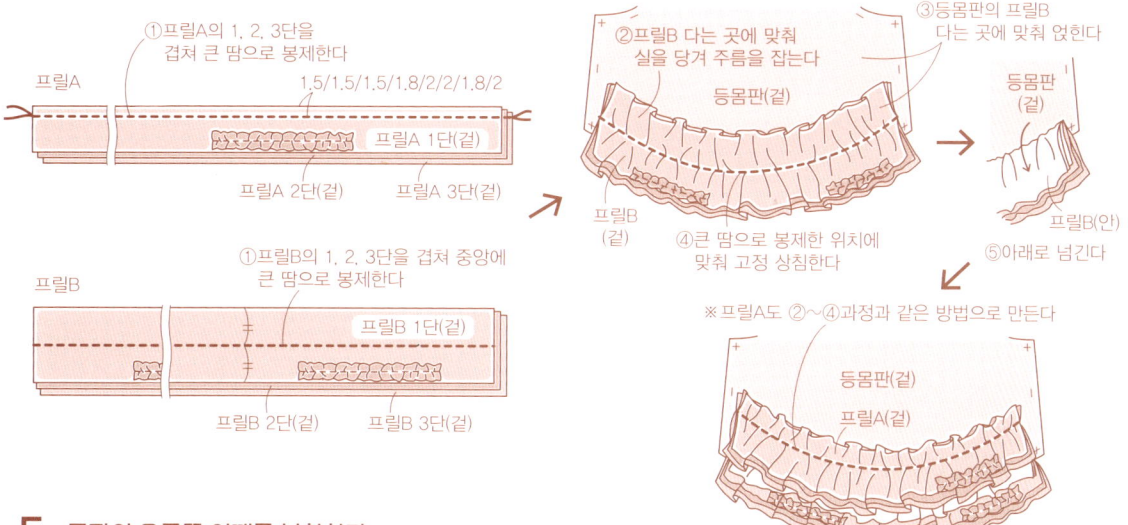

5. 몸판의 오른쪽 어깨를 봉합한다

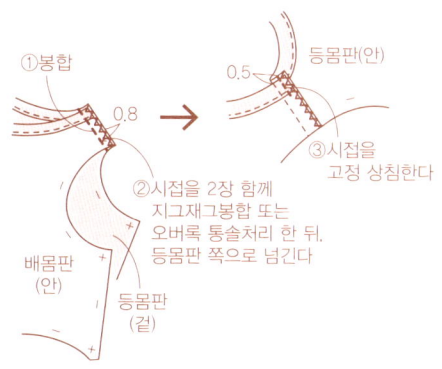

6. 소매의 밑단을 정리한다

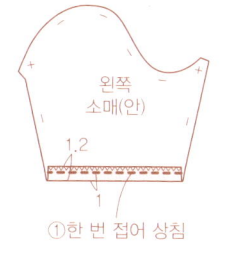

7. 몸판에 소매를 단다 (p.51/[티셔츠]3 참고)

8. 몸판과 소매의 옆선을 한번에 이어서 봉합한다 (p.51/[티셔츠]4 참고)

9. 밑단감을 만들어 몸판에 단다 (p.42/4 참고)

10. 팬츠를 만든다 (p.65/[팬츠]1~6 참고)

11. 몸판에 팬츠를 단다 (p.55/7 참고)

How to Make

53

D. Photo p.10

맨투맨+팬츠

▶ 작품 사이즈
【맨투맨】
P / 0 / 1 / 2 / 3 / 4 / 5 / SD / MD

▶ 실물 크기 패턴
맨투맨 : 1면 배몸판, 등몸판, 소매, 몸판 밑단 시보리
팬츠 : 1면<공통 팬츠> 요크, 팬츠, 주머니

▶ 재료
[맨투맨] [왼쪽에서부터 P~2 / 3~5 / SD~MD 사이즈]
· 니트 원단(기모) 180cm폭 × 30 / 40 / 35cm
· 시보리(스판 골지) 50cm폭(환형) × 15 / 25 / 15cm
· 작품과 동일한 프린트 장식 사용을 원할 경우, p.49에 기재된 사이트를 참고하여 도안을 다운로드한 뒤, 의류 전사지 시트에 직접 인쇄하여 사용합니다.

[팬츠]
· I와 동일한 팬츠입니다. p.64~65를 참고하세요.

재단 배치도

니트 원단(기모)

골선
30 / 40 / 35 cm
등몸판(1장)
소매(2장)
배몸판(1장)
골선
180cm폭

시보리(스판 골지)
15 / 25 / 15 cm
골선
몸판 밑단 시보리(1장)
소매 밑단 시보리(2장) ▲ △
칼라 시보리(1장) ■ □
※ 시보리 원단은 원통형으로 되어있기 때문에 길이가 긴 패턴은 원단을 잘라서 배치합니다
100cm폭

※ 원단 소요량은 위에서부터 P~2 / 3~5 / SD~MD 사이즈
※ 지정 이외의 시접은 0.8cm
※ 칼라 시보리, 소매 밑단 시보리는 기재된 치수에 맞춰 직접 제도하여 사용합니다
왼쪽에서부터 P / 0 / 1 / 2 / 3 / 4 / 5 / SD / MD 사이즈
▲ = 5/5.5/6/7/8/9/10/4.5/5
△ = 8.5/9/10.5/12/13.5/15.5/17/10/11.5
■ = 2.6/2.8/3.2/3.6/4.2/4.6/5/3.3/3.8
□ = 17.5/19/21.5/24.5/28/31.5/34.5/22.5/25.5

준비 배몸판의 중심에 장식 스티치. 등몸판에 프린트를 붙인다

만드는 순서

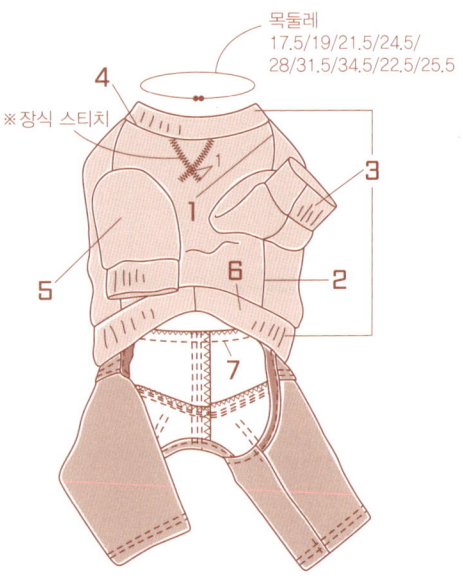

목둘레
17.5/19/21.5/24.5/28/31.5/34.5/22.5/25.5

※장식 스티치

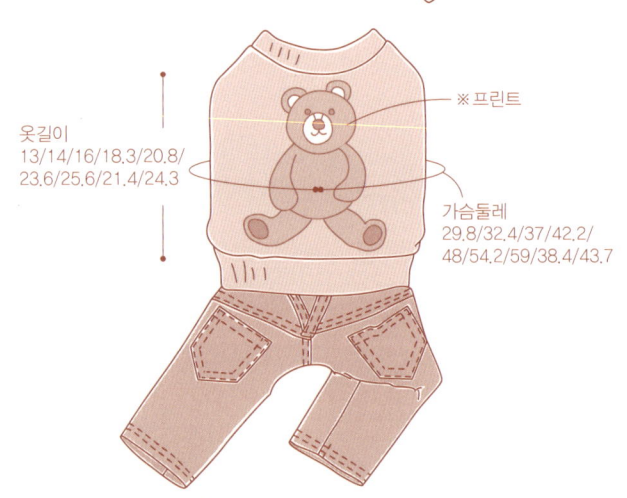

옷길이
13/14/16/18.3/20.8/23.6/25.6/21.4/24.3

※프린트

가슴둘레
29.8/32.4/37/42.2/48/54.2/59/38.4/43.7

1. 몸판의 어깨를 봉합한다

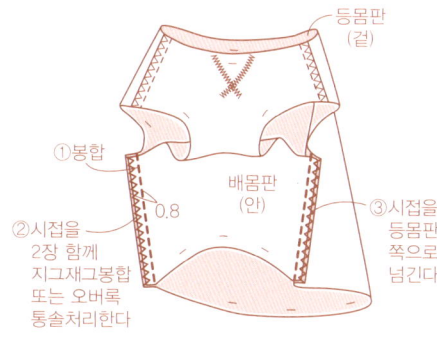

2. 몸판의 옆선을 봉합한다

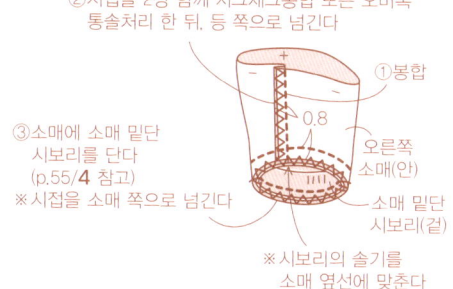

3. 칼라 시보리, 소매 밑단 시보리, 몸판 밑단 시보리를 만든다

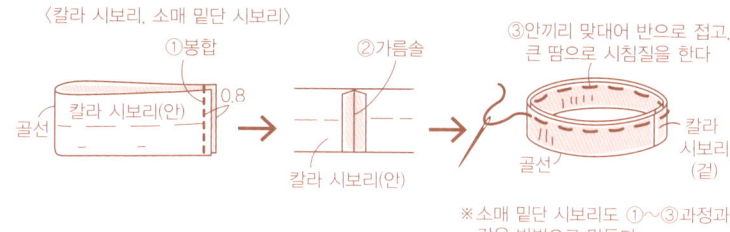

〈칼라 시보리, 소매 밑단 시보리〉

※ 소매 밑단 시보리도 ①~③과정과 같은 방법으로 만든다

〈몸판 밑단 시보리〉

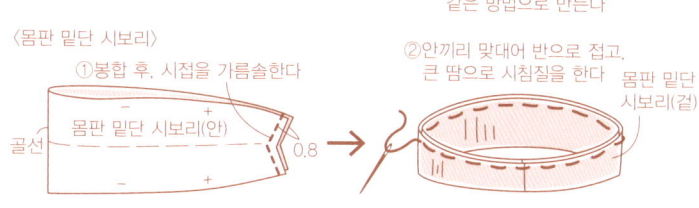

4. 몸판에 칼라 시보리를 단다

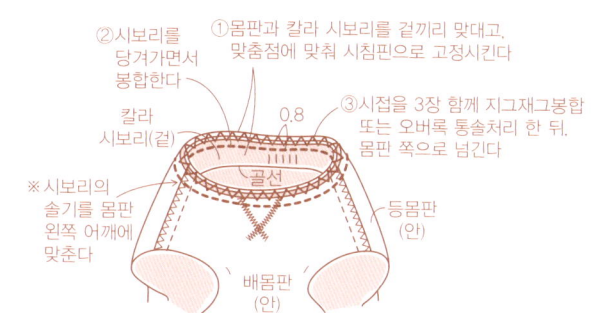

5. 소매를 만들어 몸판에 단다

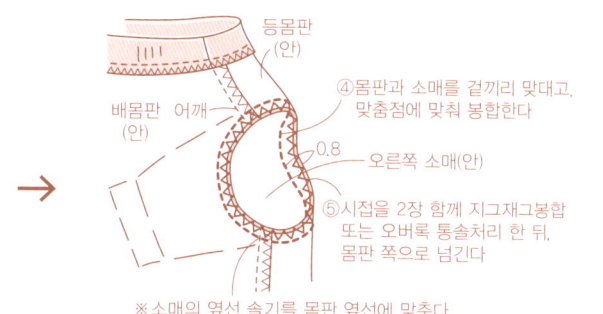

6. 몸판에 몸판 밑단 시보리를 단다

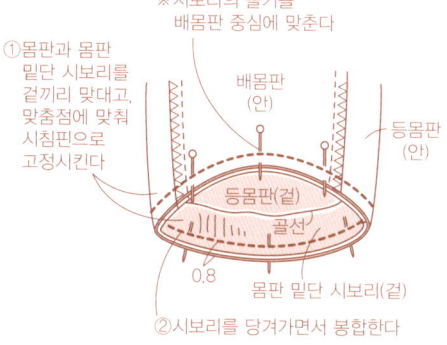

7. 팬츠를 만들고, 몸판에 팬츠를 단다

※팬츠 만드는 방법(p.65/【팬츠】1~6 참고)

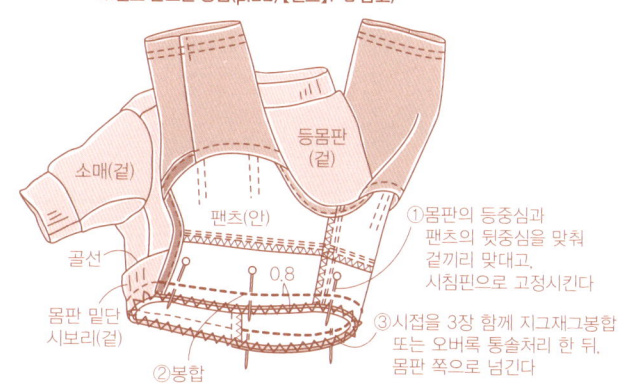

How to Make

E. Photo p.12
블라우스+스커트

▶ 작품 사이즈
【블라우스】
0 / 1 / 2 / 3 / 4 / SD / MD

▶ 실물 크기 패턴
블라우스 : 3면 배몸판, 등몸판, 소매, 겉·안칼라, 등덮개감, 리본감
스커트 : 1면<공통 스커트> 요크, 프릴A, 프릴B, 프릴C, 스커트 몸판

▶ 재료
[블라우스] [왼쪽에서부터 0~2 / 3~4 / SD~MD 사이즈]
· 코튼 리넨 원단(아이보리) 131cm폭 × 45 / 60 / 45cm
· 니트 원단(아이보리) 170cm폭 × 35 / 45 / 40cm
· 60수 아사(네이비) 110cm폭 × 20 / 25 / 20cm
· 접착심(소잉심지) 35cm폭 × 35cm
· 면테이프 0.5cm폭 × 50 / 55 / 65 / 70 / 80 / 55 / 65cm
· 고무줄 0.3cm폭 × 13 / 14 / 15 / 17 / 19 / 15 / 17cm (각 2개)
· 단추 2cm폭 × 1개
· 가시 도트 단추 1cm폭 × 4 / 4 / 4 / 4 / 5 / 5 / 5쌍
· 자수실 적당량

[스커트]
· A와 동일한 스커트입니다. p.40을 참고하세요.

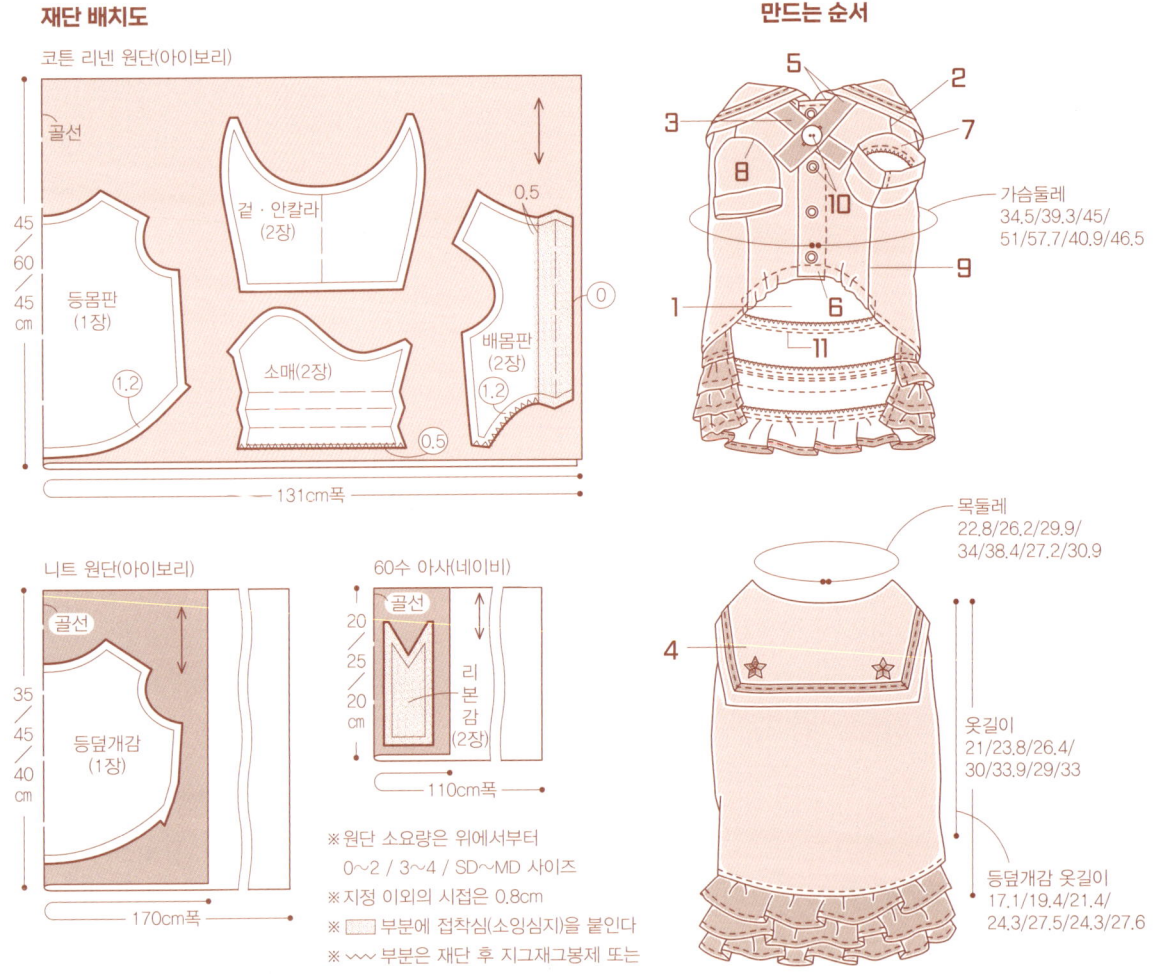

※ 원단 소요량은 위에서부터
   0~2 / 3~4 / SD~MD 사이즈
※ 지정 이외의 시접은 0.8cm
※ ▓ 부분에 접착심(소잉심지)을 붙인다
※ ～ 부분은 재단 후 지그재그봉제 또는 오버록 처리한다

1. 등몸판과 등덮개감을 연결한다

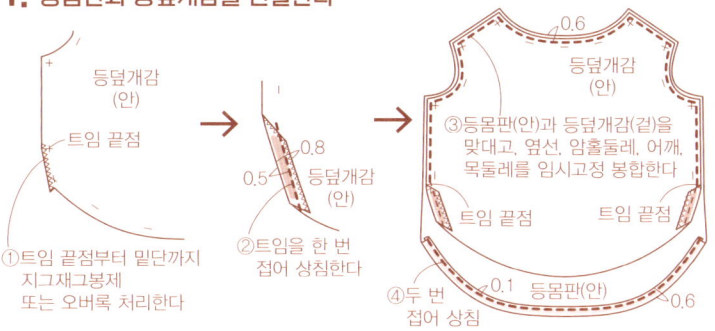

2. 몸판의 어깨를 봉합한다

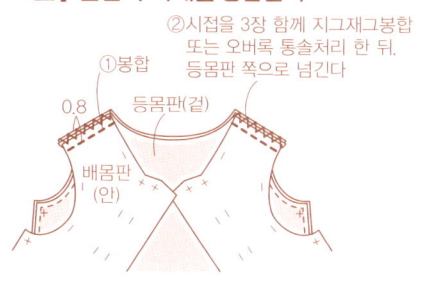

3. 리본감을 만든다

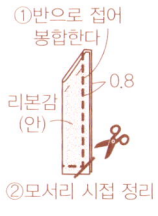

※ 리본감을 총 2개 만든다

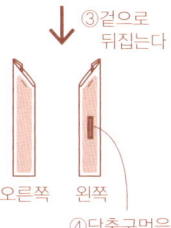

4. 칼라를 만든다

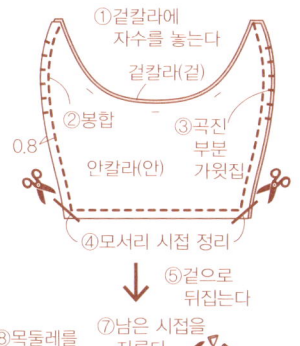

5. 몸판에 칼라와 리본감을 단다

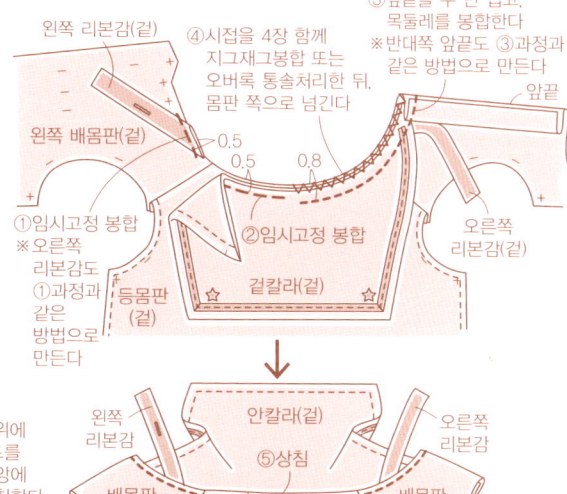

6. 배몸판의 앞끝과 밑단을 정리한다

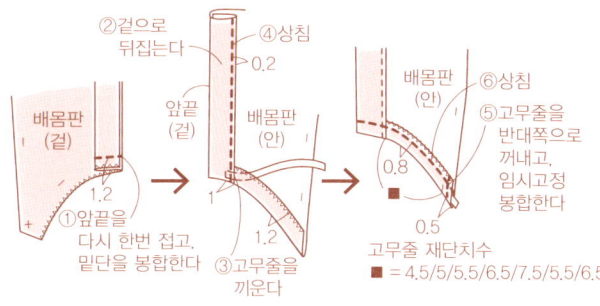

고무줄 재단치수
■ = 4.5/5/5.5/6/6.5/7/7.5/5.5/6.5

7. 소매의 밑단을 정리한다

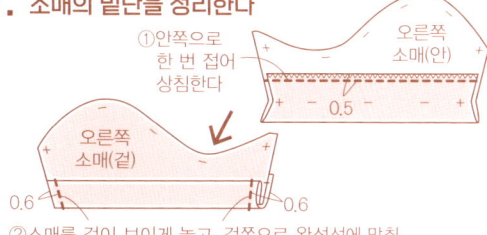

8. 몸판에 소매를 단다
(p.51/[티셔츠]3 참고)

9. 몸판과 소매의 옆선을 한번에 이어서 봉합한다
(p.67/8 참고)

10. 몸판에 가시 도트 단추를 달고, 리본감에 단추를 단다

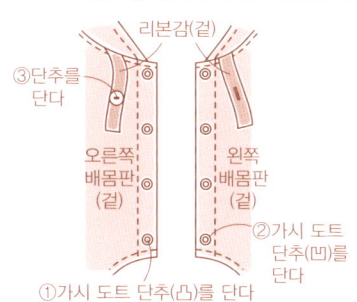

11. 스커트를 만들고, 등덮개감에 스커트를 단다
※스커트 만드는 방법(p.43/5~9 참고)

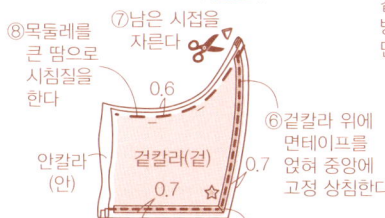

F. Photo p.14

후드 점퍼+팬츠

▶ 작품 사이즈
0 / 1 / 2 / 3 / 4 / SD / MD

▶ 실물 크기 패턴
후드 점퍼 : 1면 배몸판1, 배몸판2, 등몸판1, 등몸판2, 후드, 배밑단, 등밑단
팬츠 : 1면<공통 팬츠> 요크, 팬츠, 주머니

▶ 재료
[후드 점퍼] [왼쪽에서부터 0~2 / 3~4 / SD~MD 사이즈]
· 자카드 니트 원단(하늘색) 160cm폭 × 50 / 65 / 50cm
· 프린지 테이프(아이보리) 3cm폭 × 24 / 28 / 30 / 35 / 38 / 28 / 31cm
· 고무줄 0.3cm폭 × 9 / 10 / 11 / 12 / 13.5 / 12 / 13cm

[팬츠]
· 1과 동일한 팬츠입니다. p.64~65를 참고하세요.

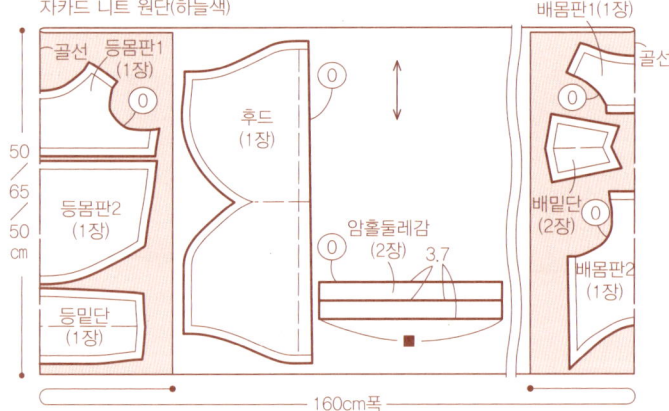

※ 원단 소요량은 위에서부터 0~2 / 3~4 / SD~MD 사이즈
※ 지정 이외의 시접은 0.8cm
※ 암홀둘레감은 기재된 치수에 맞춰 직접 제도하여 사용합니다
  왼쪽에서부터 0 / 1 / 2 / 3 / 4 / SD / MD 사이즈
  ■ = 21/24/27/30.5/34.3/24.8/28

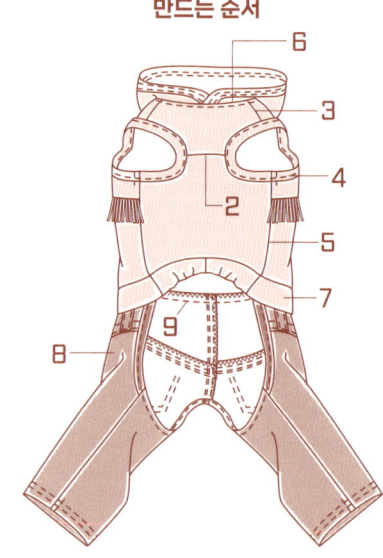

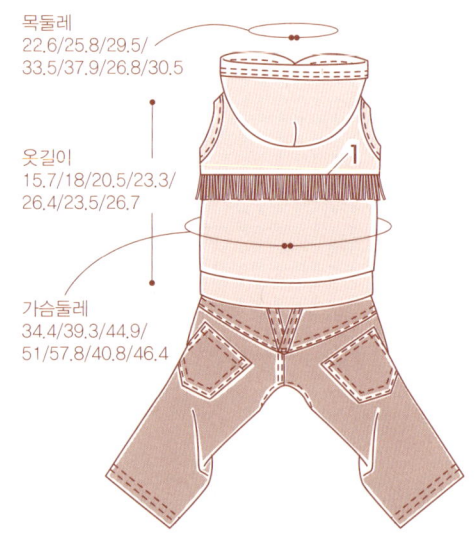

1. 등몸판1·2를 연결한다

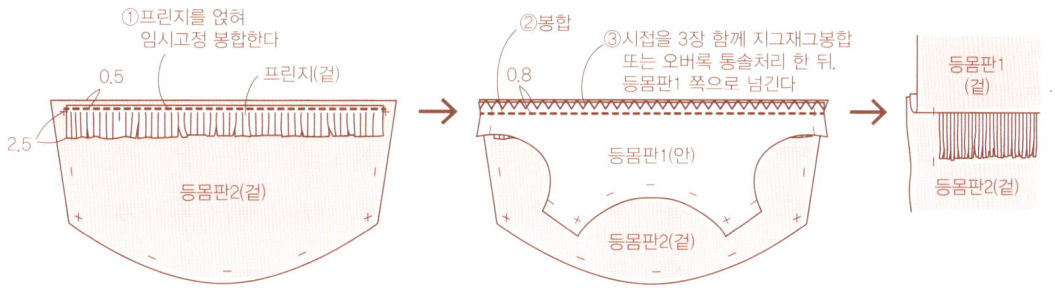

2. 배몸판1·2를 연결한다

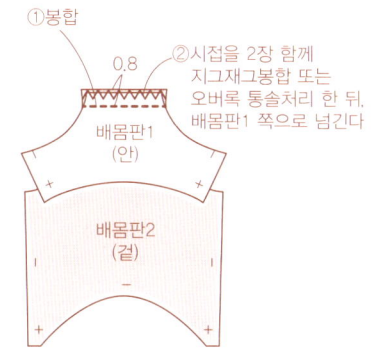

3. 몸판의 어깨를 봉합한다 (p.55/1 참고)

4. 암홀둘레감을 만들어 몸판에 단다

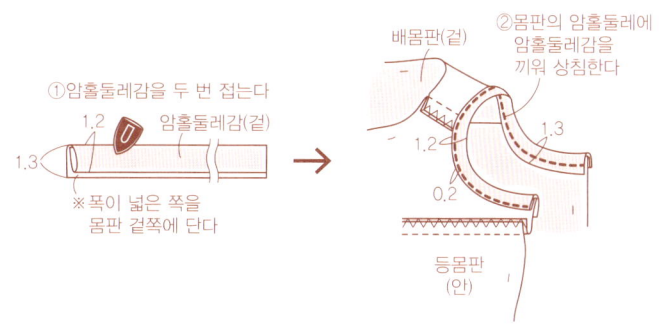

5. 몸판의 옆선을 봉합한다

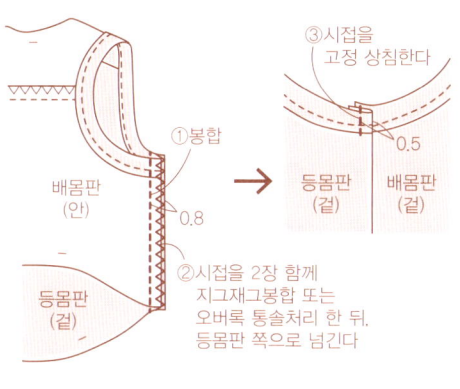

6. 후드를 만들어 몸판에 단다

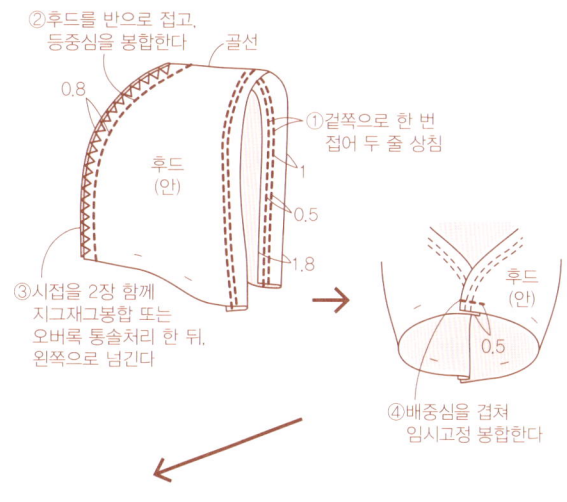

7. 밑단감을 만들어 몸판에 단다 (p.42/4 참고)

8. 팬츠를 만든다 (p.65/[팬츠]1~6 참고)

9. 몸판에 팬츠를 단다 (p.55/7 참고)

How to Make

G. Photo p.16

썸머 원피스

▶ 작품 사이즈
0 / 1 / 2 / 3 / 4 / SD / MD

▶ 실물 크기 패턴
3면 배몸판, 등몸판, 스커트A, 스커트B, 스커트B 프릴, 소매 프릴

▶ 재료 [왼쪽에서부터 0~2 / 3~4 / SD~MD 사이즈]
· 니트 원단(무지) 110cm폭 × 35 / 40 / 40cm
· 코튼 원단(패치 무늬) 145cm폭 × 65 / 75 / 65cm

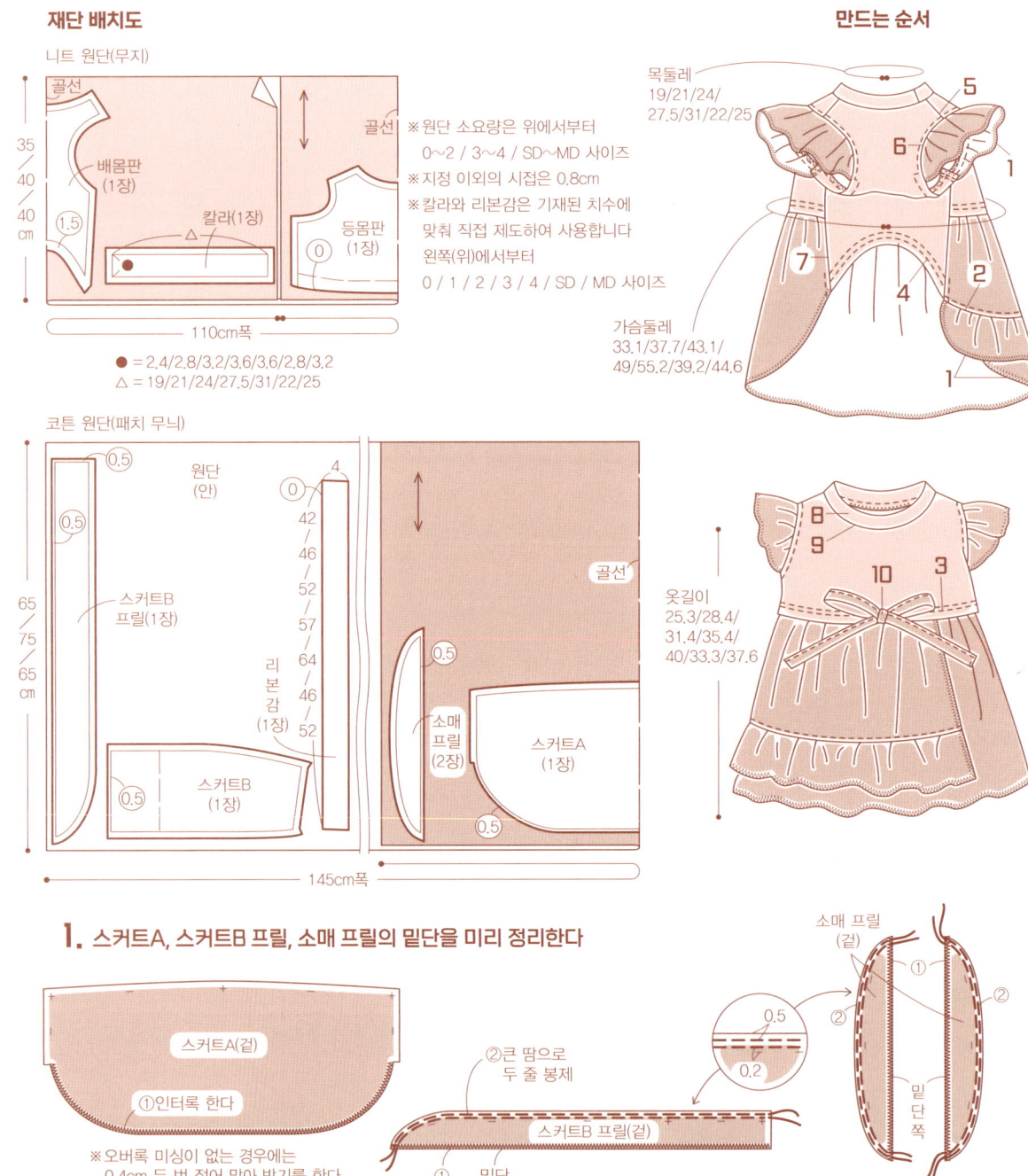

1. 스커트A, 스커트B 프릴, 소매 프릴의 밑단을 미리 정리한다

2. 스커트를 만든다

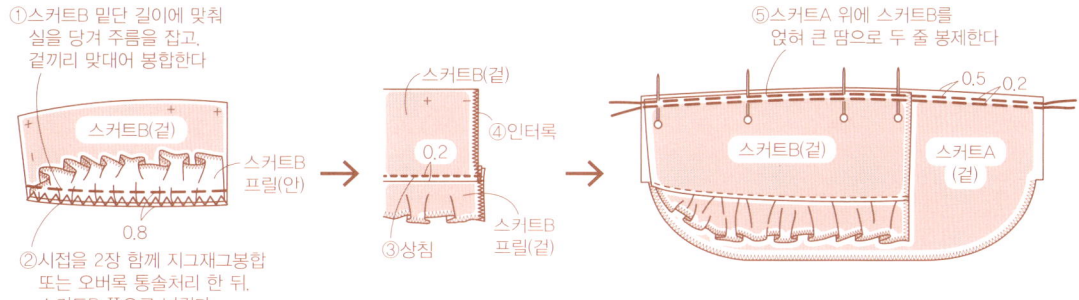

3. 등몸판에 스커트를 단다

4. 배몸판의 밑단을 정리한다

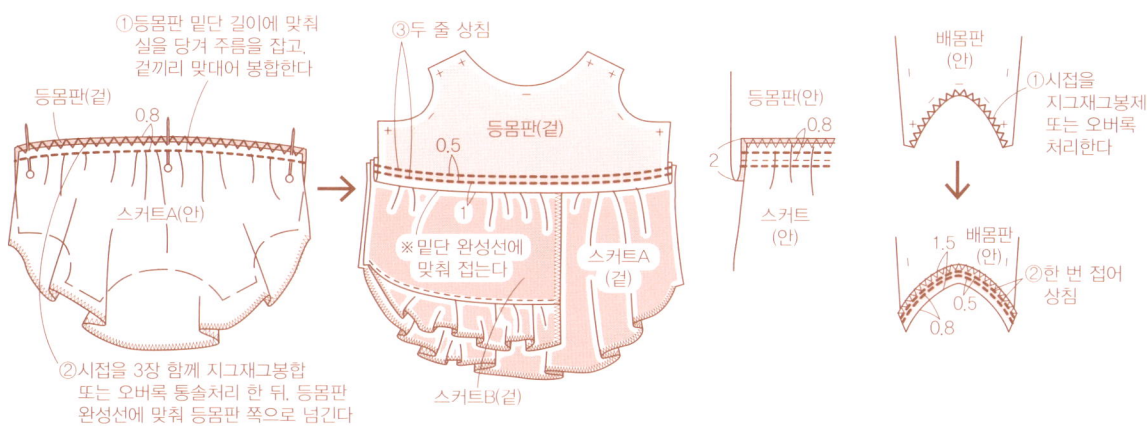

5. 몸판의 어깨를 봉합한다 (p.55/1 참고)

6. 몸판에 소매 프릴을 단다

7. 몸판의 옆선을 봉합한다

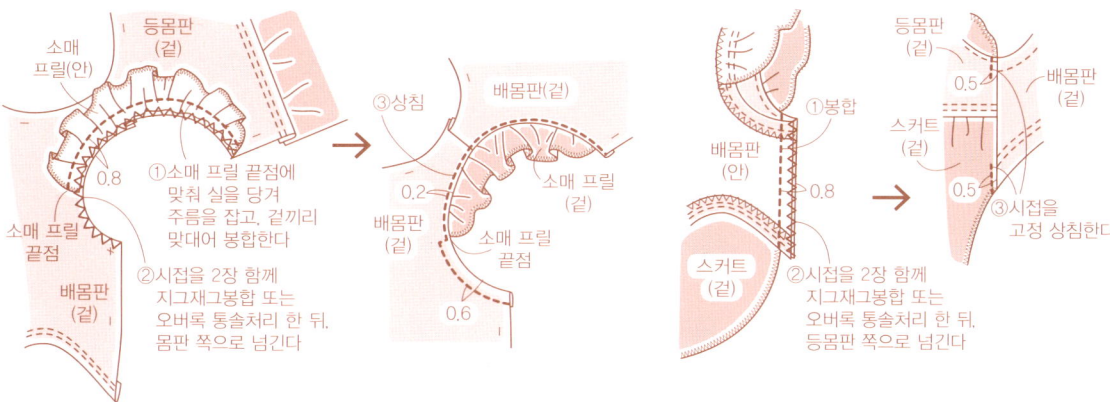

8. 칼라를 만든다
(p.55/【칼라 시보리】3-①~③ 참고)

9. 몸판에 칼라를 단다 (p.55/4 참고)

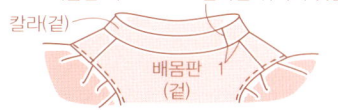

10. 리본감을 만들어 몸판에 단다

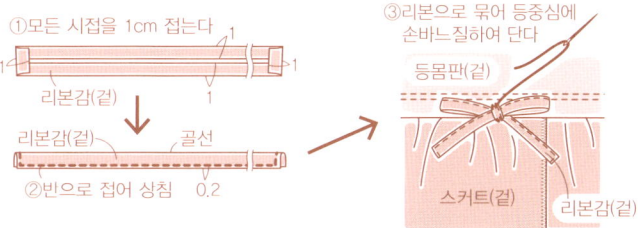

H. Photo p.18

페이즐리 원피스

▶ 작품 사이즈
P / 0 / 1 / 2 / 3 / 4 / SD / MD

▶ 실물 크기 패턴
3면 겉·안배몸판, 겉·안등몸판, 스커트A, 스커트B, 스커트C, 스커트 몸판, 칼라 프릴

▶ 재료 [왼쪽에서부터 P~2 / 3~4 / SD~MD 사이즈]
- 80수 론 원단(페이즐리 무늬) 135cm폭×80 / 120 / 90cm
- 80수 론 원단(무지) 135cm폭×50 / 75 / 55cm
- 가시 도트 단추 1cm폭 × 4 / 5 / 5 / 5 / 5 / 6 / 6 / 6쌍

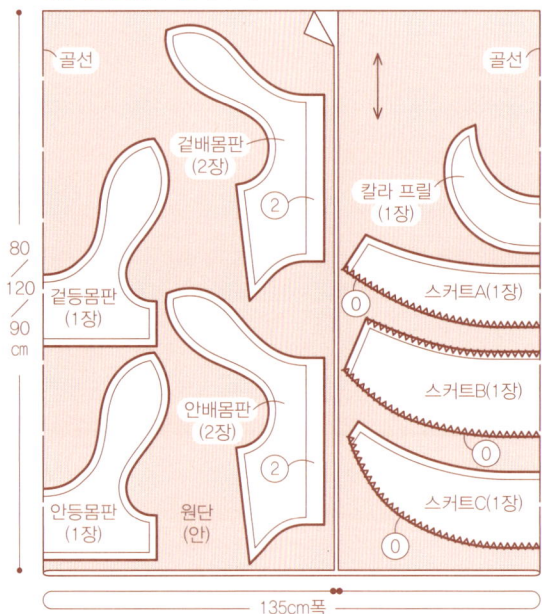

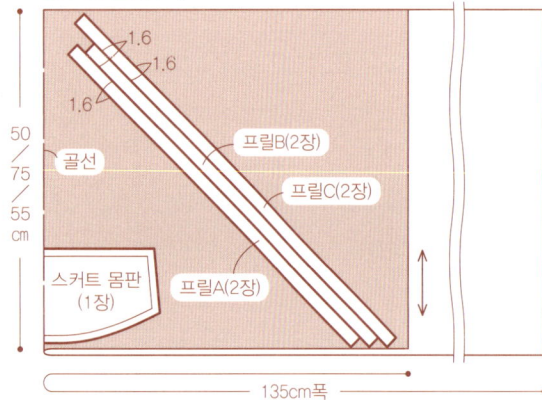

※ 원단 소요량은 위에서부터
　P~2 / 3~4 / SD~MD 사이즈
※ 지정 이외의 시접은 0.8cm
※ 〰 부분은 재단 후
　지그재그봉제 또는
　오버록 처리한다

※ 프릴A, B, C는 기재된 치수에 맞춰
　직접 제도하여 사용합니다
　왼쪽에서부터 P / 0 / 1 / 2 / 3 / 4 / SD / MD 사이즈
　프릴A 길이 = 38/41.5/47/54/61.5/70/50/57
　프릴B 길이 = 39/42.5/48/55/62.5/70.5/51/58
　프릴C 길이 = 42/46.5/53/61/69.5/78.5/56.5/64

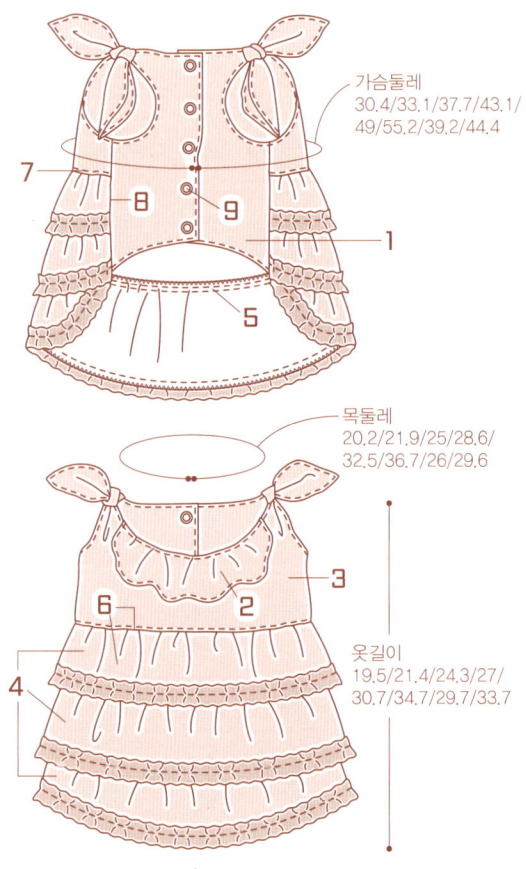

가슴둘레
30.4/33.1/37.7/43.1/49/55.2/39.2/44.4

목둘레
20.2/21.9/25/28.6/32.5/36.7/26/29.6

옷길이
19.5/21.4/24.3/27/30.7/34.7/29.7/33.7

1. 배몸판을 만든다

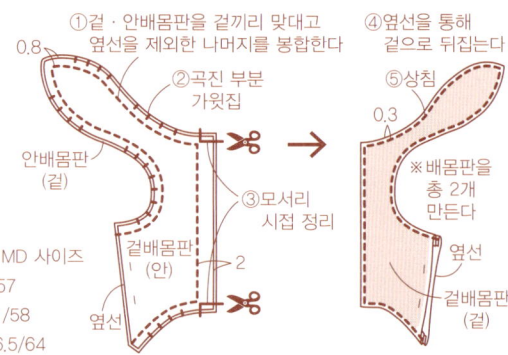

①겉·안배몸판을 겉끼리 맞대고 옆선을 제외한 나머지를 봉합한다
②곡진 부분 가윗집
③모서리 시접 정리
④옆선을 통해 겉으로 뒤집는다
⑤상침

※ 배몸판을 총 2개 만든다

2. 칼라 프릴을 만들어 등몸판에 단다

3. 등몸판을 만든다

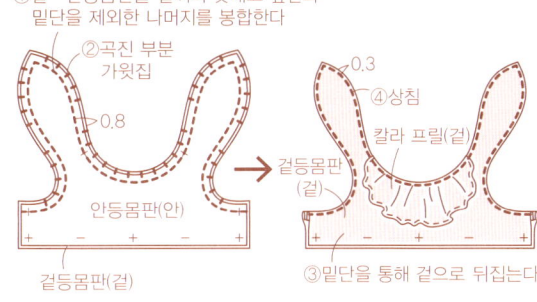

4. 스커트A~C를 만든다

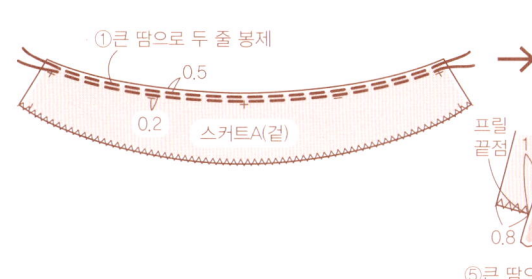

5. 스커트 몸판에 스커트C를 단다
(p.67/3-①~③ 참고)

6. 스커트 몸판에 스커트A·B를 단다

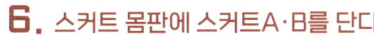

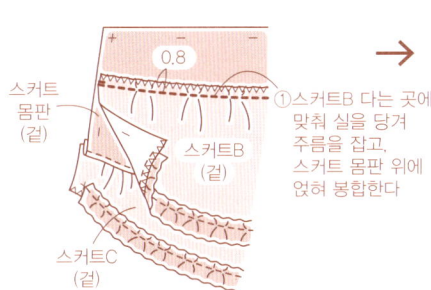

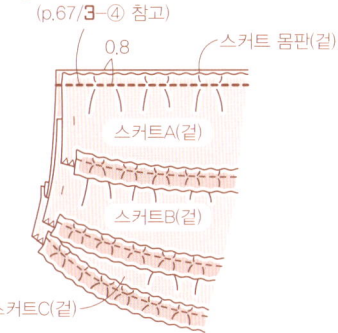

7. 등몸판과 스커트 몸판을 연결한다

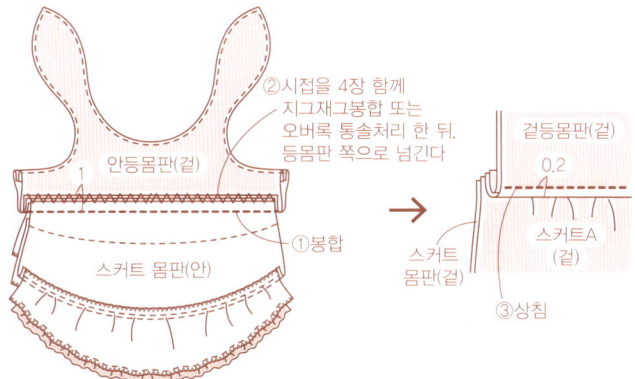

8. 몸판의 옆선을 봉합한다 (p.61/7 참고)

9. 몸판에 가시 도트 단추를 단다

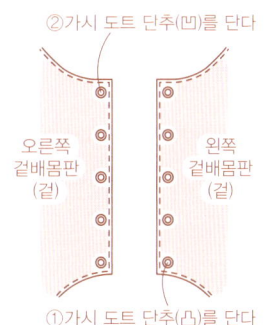

How to Make

63

L. Photo p.19

아플리케 티셔츠+팬츠

▶ 작품 사이즈
【티셔츠】
P / 0 / 1 / 2 / 3 / 4 / 5 / SD / MD
【팬츠】
P / 0 / 1 / 2 / 3 / 4 / SD / MD

▶ 실물 크기 패턴
티셔츠 : 1면 배몸판, 등몸판, 소매, 배밑단, 등밑단, 장식감, 알파벳감
팬츠 : 1면〈공통 팬츠〉요크, 팬츠, 주머니

▶ 재료
【티셔츠】[왼쪽에서부터 P~2 / 3~5 / SD~MD 사이즈]
· 니트 원단(다이마루) 150cm폭 × 35 / 45 / 40cm
· 80수 론 원단(페이즐리 무늬) 20cm폭 × 15cm
· 고무줄(밑단용) 0.3cm폭 × 8 / 9 / 10 / 11 / 12 / 13.5 / 14.5 / 12 / 13cm
· 고무줄(밑단용) 0.3cm폭 × 20 / 21 / 24 / 27 / 30.5 / 34.5 / 37 / 25 / 28cm
· 접착심(소잉심지) 20cm폭 × 30cm

【팬츠】[왼쪽에서부터 P~2 / 3~4 / SD~MD 사이즈]
· 스트레치 원단(데님) 150cm폭 × 50 / 60 / 40cm
· 바인딩 고무줄 1cm폭(완성폭) × 30cm(2개)

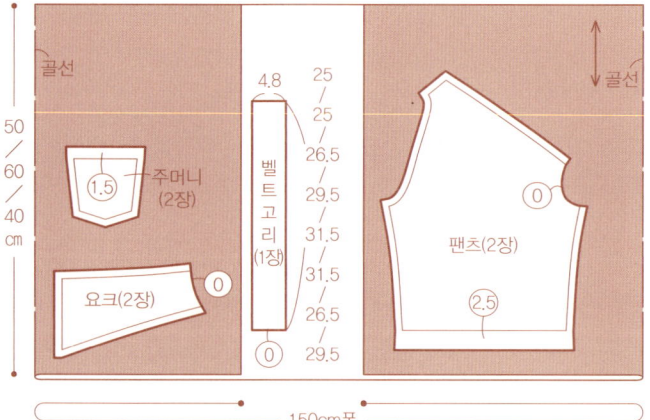

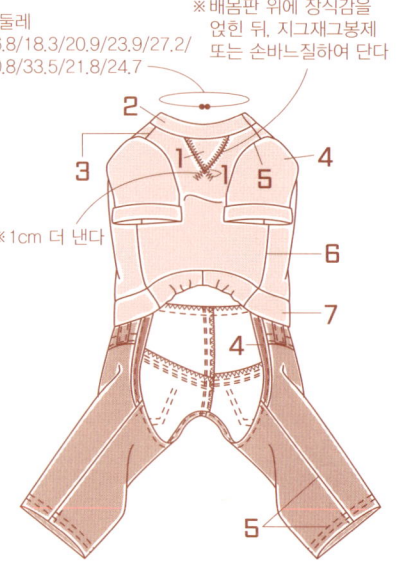

만드는 순서

목둘레
16.8/18.3/20.9/23.9/27.2/
30.8/33.5/21.8/24.7

※배몸판 위에 장식감을 얹힌 뒤, 지그재그봉제 또는 손바느질하여 단다

※1cm 더 낸다

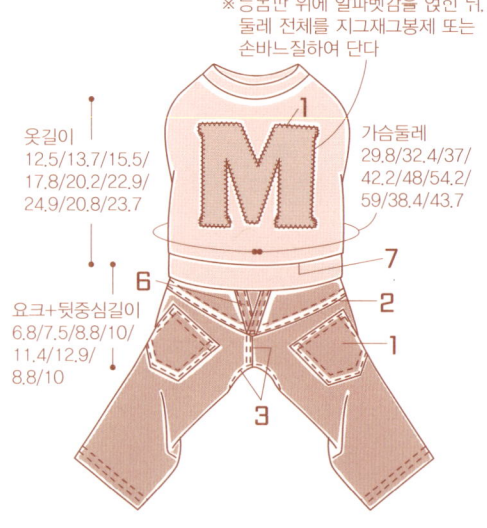

※등몸판 위에 알파벳감을 얹힌 뒤, 둘레 전체를 지그재그봉제 또는 손바느질하여 단다

옷길이
12.5/13.7/15.5/
17.8/20.2/22.9/
24.9/20.8/23.7

가슴둘레
29.8/32.4/37/
42.2/48/54.2/
59/38.4/43.7

요크+뒷중심길이
6.8/7.5/8.8/10/
11.4/12.9/
8.8/10

※ 원단 소요량은 위에서부터 P~2 / 3~5 / SD~MD 사이즈
※ 지정 이외의 시접은 0.8cm
※ ▭ 부분에 접착심(소잉심지)을 붙인다
※ ∿∿ 부분은 재단 후 지그재그봉제 또는 오버록 처리한다
※ 칼라는 기재된 치수에 맞춰 직접 제도하여 사용합니다
왼쪽에서부터 P / 0 / 1 / 2 / 3 / 4 / 5 / SD / MD 사이즈

▲ = 2.5/2.7/3/3.5/4/4.5/5/3/3.5
▭ = 16.8/18.3/20.9/23.9/27.2/30.8/33.5/21.8/24.7

※ 원단 소요량은 위에서부터 P~2 / 3~4 / SD~MD 사이즈
※ 벨트고리는 기재된 치수에 맞춰 직접 제도하여 사용합니다
위에서부터 P / 0 / 1 / 2 / 3 / 4 / SD / MD 사이즈

【티셔츠】

1. 배몸판에 장식감, 등몸판에 알파벳감을 단다
(p.64 / 만드는 순서 참고)

3. 몸판의 어깨를 봉합하고, 칼라를 단다

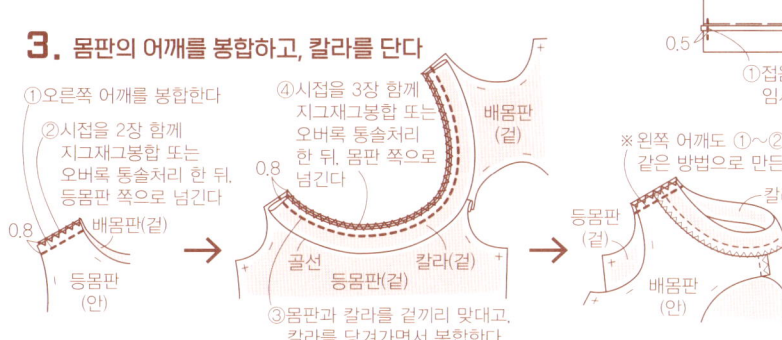

2. 칼라에 고무줄을 단다

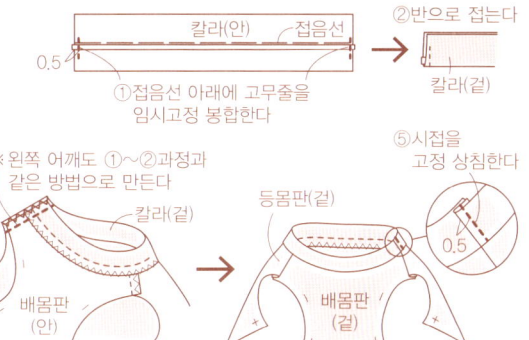

4. 소매를 만든다

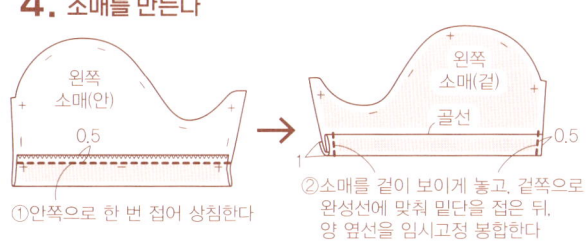

5. 몸판에 소매를 단다 (p.51/【티셔츠】3 참고)

6. 몸판과 소매의 옆선을 한 번에 이어서 봉합한다
(p.51/【티셔츠】4 참고)

7. 밑단감을 만들어 몸판에 단다 (p.42/4 참고)

【팬츠】

1. 주머니를 만들어 팬츠에 단다

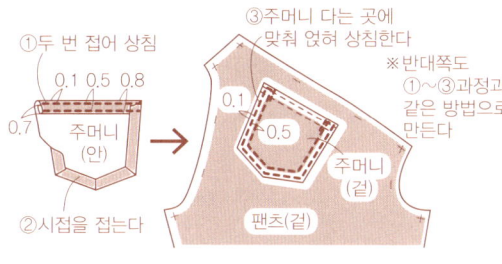

2. 팬츠와 요크를 연결한다

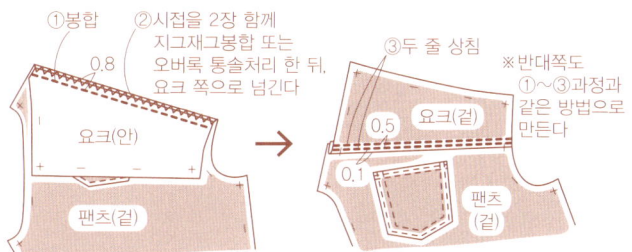

3. 팬츠의 뒷중심을 봉합하고, 밑위를 정리한다

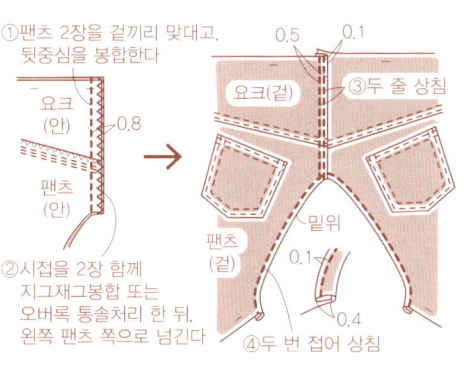

4. 팬츠의 가랑이를 바이어스 처리한다

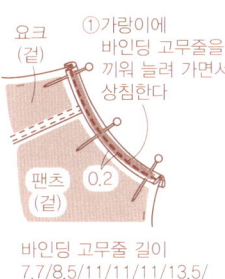

바인딩 고무줄 길이
7.7/8.5/11/11/11/13.5/11/11 총 2개

5. 팬츠의 밑단을 정리하고, 밑아래를 봉합한다

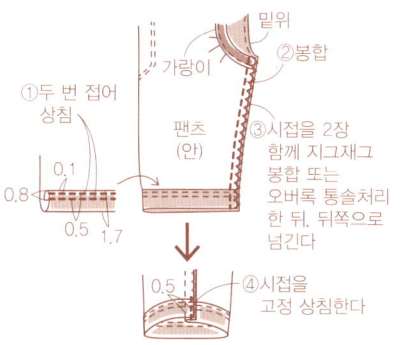

6. 벨트고리를 만들어 팬츠에 단다 (p.44/9 참고)

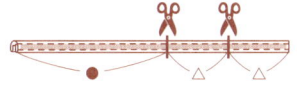

벨트고리 길이
● = 13.5/15/16.5/17.5/19.5/22/16.5/17.5
△ = 5.5/6/6/7/7.3/8/6/7

7. 몸판에 팬츠를 단다
(p.55/7 참고)

J. Photo p.20

체크 원피스

▶ 실물 크기 패턴
4면 겉·안배몸판, 등몸판, 소매, 스커트A, 스커트B, 스커트 몸판

▶ 재료 [왼쪽에서부터 P~2 / 3~4 / SD~MD 사이즈]
· 코튼 원단(체크) 110cm폭 × 100 / 110 / 110cm
· 단추 1.1cm폭 × 4 / 4 / 5 / 5 / 5 / 6 / 6 / 6개
· 단추 1.5cm폭 × 2개

▶ 작품 사이즈
P / 0 / 1 / 2 / 3 / 4 / SD / MD

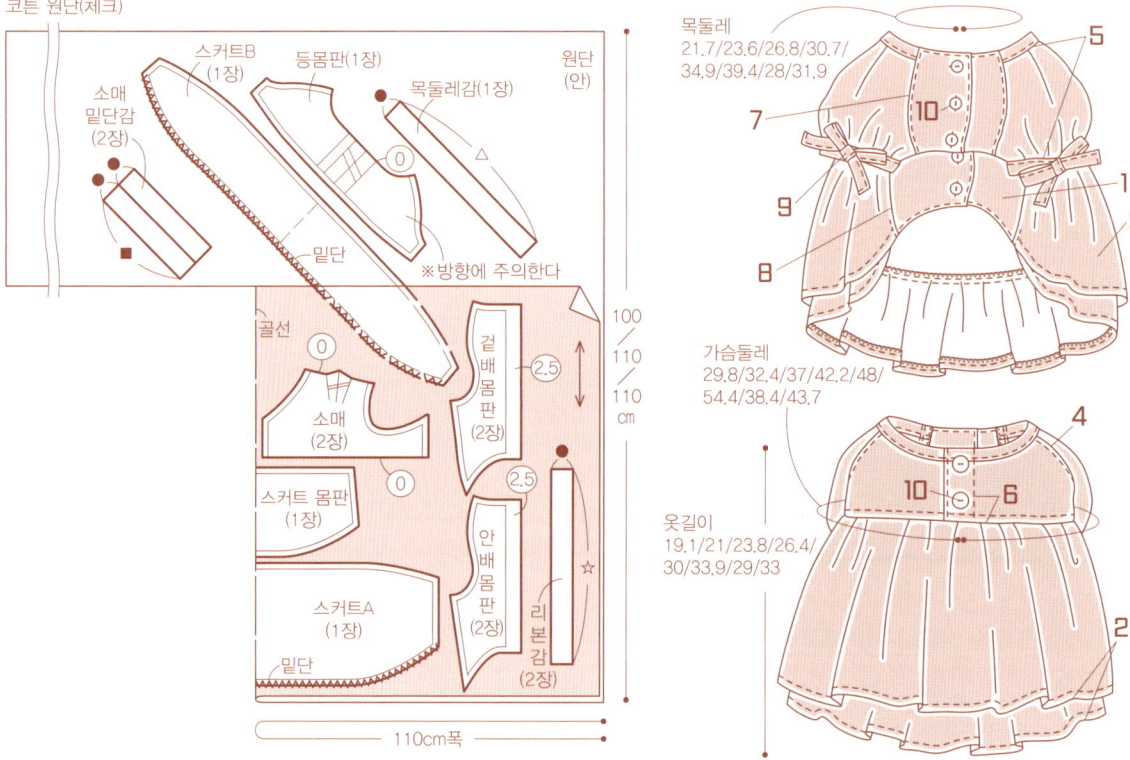

※ 원단 소요량은 위에서부터 P~2 / 3~4 / SD~MD 사이즈
※ 지정 이외의 시접은 0.8cm
※ ∼∼∼ 부분은 재단 후 지그재그봉제 또는 오버록 처리한다
※ 목둘레감, 소매 밑단감, 리본감은 기재된 치수에 맞춰 직접 제도하여 사용합니다
왼쪽에서부터 P / 0 / 1 / 2 / 3 / 4 / SD / MD 사이즈

● = 3.2/3.2/4/4/4/4/4/4
△ = 20/22/24/27/30.5/34/25/28
■ = 12.2/13/14.6/16.6/18.6/20.8/15.2/17
☆ = 21/22.7/25.7/29.4/33.2/37.4/26.7/30.2

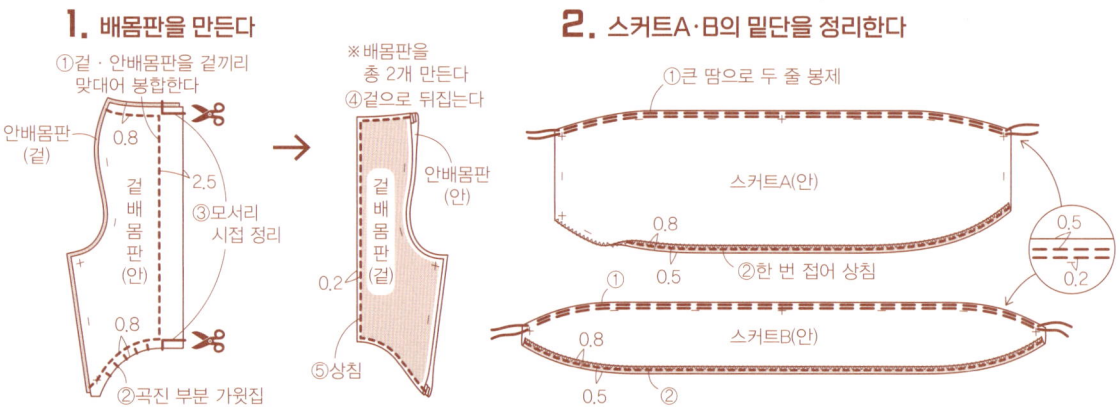

3. 스커트를 만든다

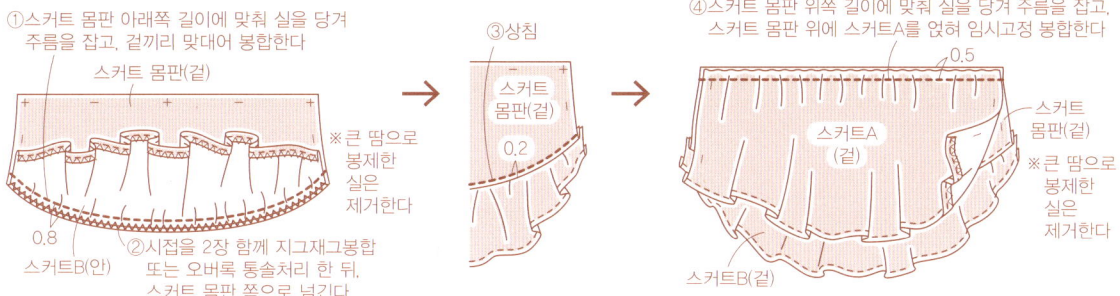

4. 소매를 만들어 등몸판에 단다

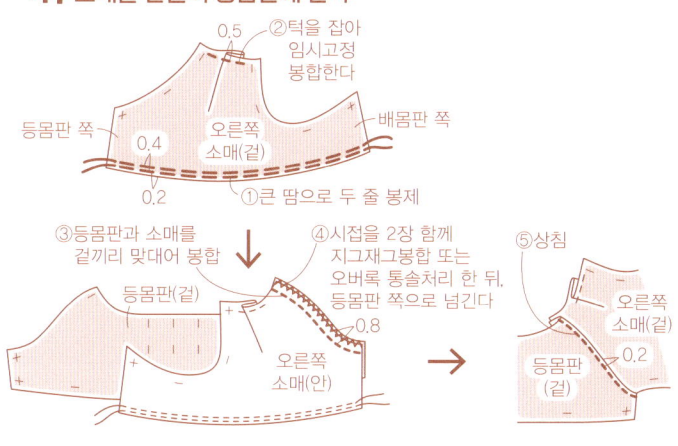

5. 목둘레와 소매 밑단을 바이어스 처리한다

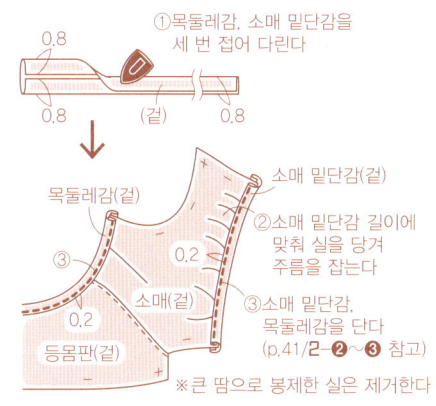

6. 등몸판의 턱을 잡은 뒤, 스커트에 연결한다

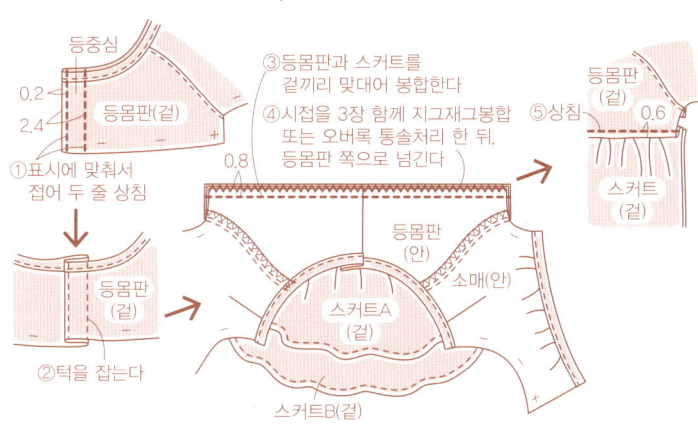

7. 배몸판에 소매를 단다

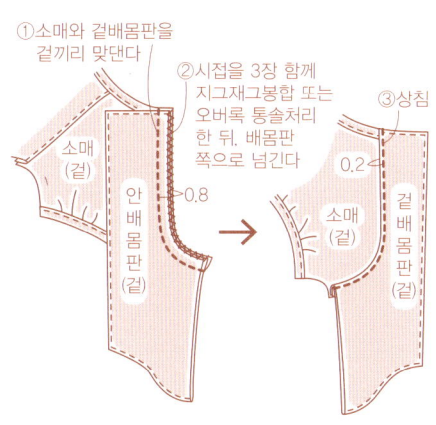

8. 몸판과 소매의 옆선을 한 번에 이어서 봉합한다

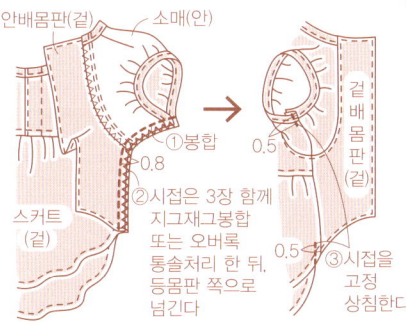

9. 리본감을 만들어 소매에 단다

10. 몸판에 단춧구멍을 뚫고, 단추를 단다

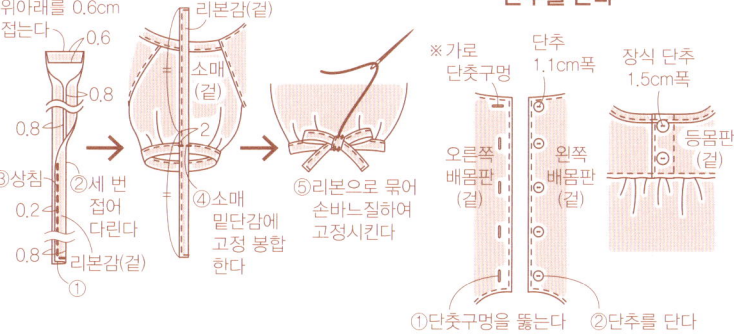

How to Make

67

K. Photo p.21

반소매 셔츠+팬츠

▶ 작품 사이즈
【반소매 셔츠】
0 / 1 / 2 / 3 / 4 / 5 / SD / MD

▶ 실물 크기 패턴
반소매 셔츠 : 2면 배몸판, 등몸판, 소매, 요크, 등덮개감,
겉·안칼라, 겉·안칼라받침, 주머니
팬츠 : 1면〈공통 팬츠〉요크, 팬츠, 주머니

▶ 재료
[반소매 셔츠] [왼쪽에서부터 0~2 / 3~5 / SD~MD 사이즈]
· 코튼 원단(체크) 110cm폭 × 90 / 110 / 100cm
· 접착심(소잉심지) 60cm폭 × 50cm
· 단추 0.8cm폭 × 3개
· 단추 1.1cm폭 × 5 / 5 / 5 / 5 / 6 / 6 / 6 / 6개
· 리넨끈(고리용 / 베이지) 0.5cm폭 × 6.2 / 6.2 / 6.6 / 6.6 / 7 / 7 / 6.2 / 6.6cm
· 고무줄 0.3cm폭 × 13 / 14 / 15 / 17 / 19 / 20 / 15 / 16cm(각 2개)

[팬츠]
· I와 동일한 팬츠입니다. p.64~65를 참고하세요.

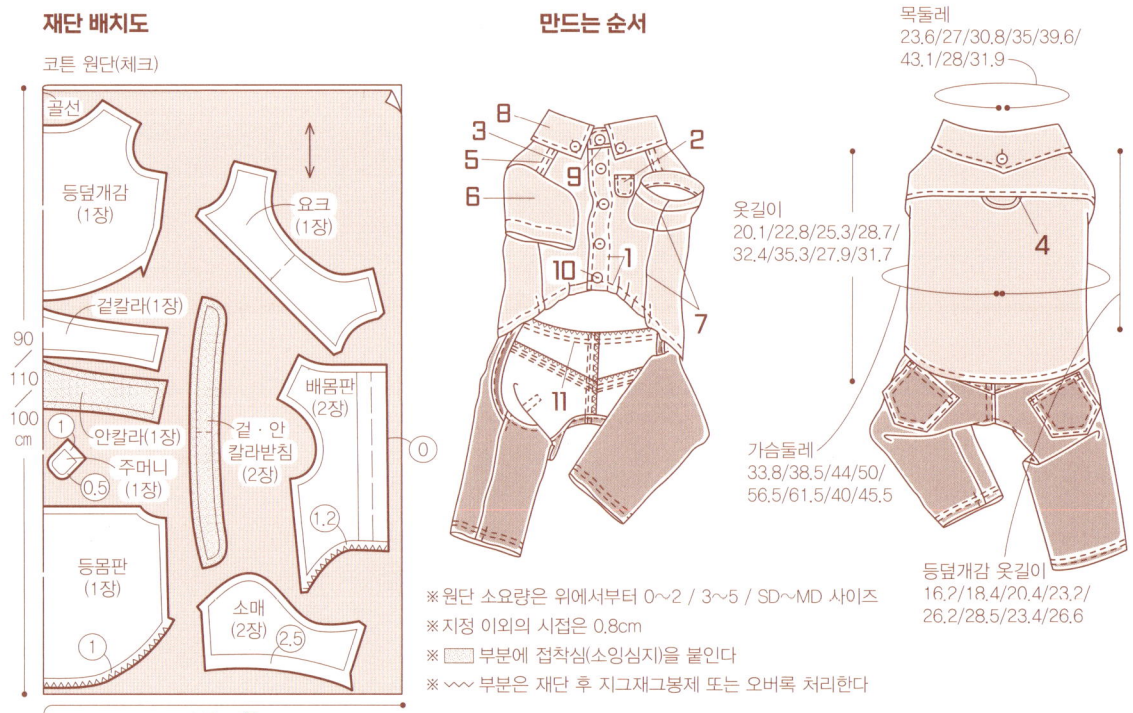

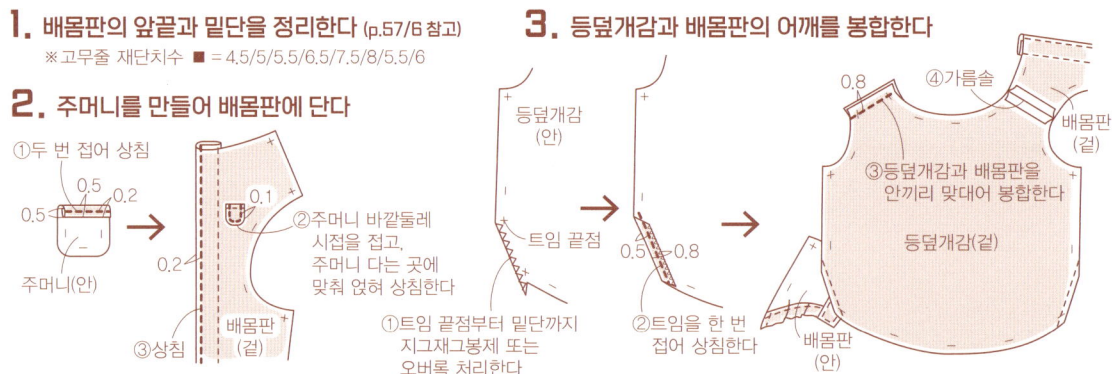

4. 리넨끈을 등몸판에 달고, 요크와 연결한다

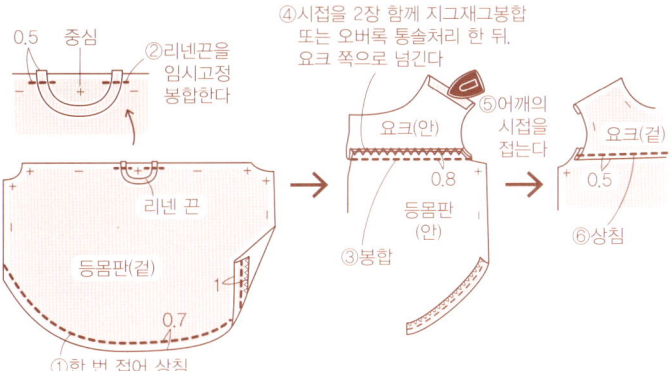

5. 배몸판 위에 요크와 등몸판을 얹혀 고정시킨다

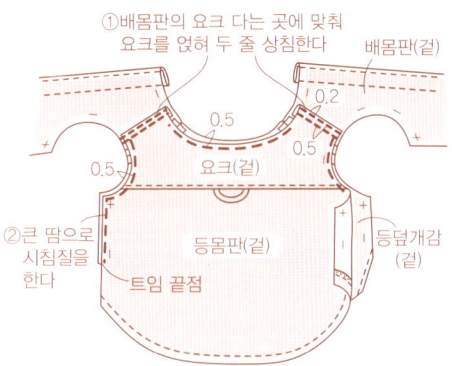

6. 소매의 밑단을 정리하고, 몸판에 소매를 단다

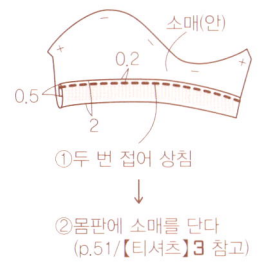

7. 몸판과 소매의 옆선을 한 번에 이어서 봉합한다 (p.67/B 참고)

8. 칼라를 만든다

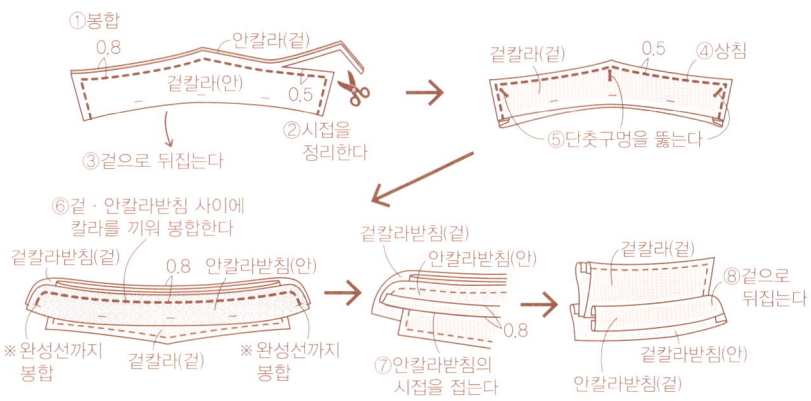

9. 몸판에 칼라를 단다

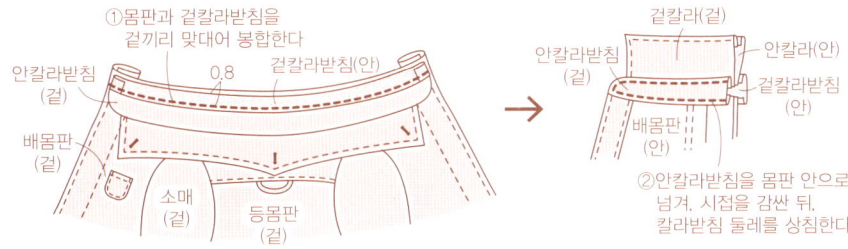

10. 몸판에 단춧구멍을 뚫고, 단추를 단다

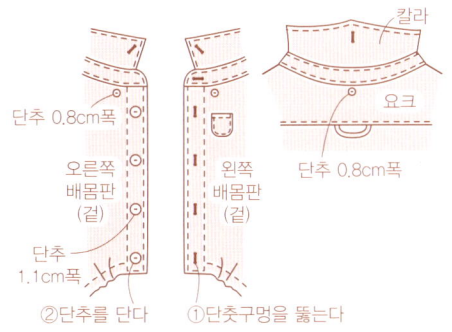

11. 팬츠를 만들고, 등덮개감에 팬츠를 단다
※팬츠 만드는 방법(p.65/【팬츠】1~6 참고)

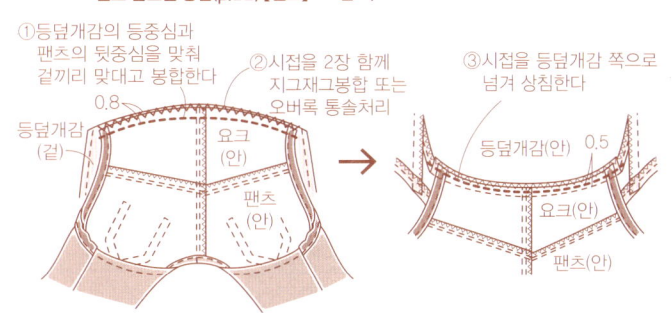

How to Make

L. Photo p.22

체크 원피스

▶ **작품 사이즈**
P / 0 / 1 / 2 / 3 / 4 / SD / MD

▶ **실물 크기 패턴**
5면 요크, 배몸판, 등몸판, 겉·안칼라, 겉·안칼라받침, 프릴A, 프릴B, 왼쪽 프릴C, 오른쪽 프릴C, 프릴D, 소매A, 소매B

▶ **재료** [왼쪽에서부터 P~2 / 3~4 / SD~MD 사이즈]

· 코튼 원단(체크)
　A감(그린 계열 체크) 112cm폭 × 35 / 45 / 45cm
　B감(레드 계열 체크) 112cm폭 × 45 / 50 / 50cm
　C감(네이비 계열 체크) 112cm폭 × 40 / 45 / 45cm
　D감(옐로우 계열 체크) 110cm폭 × 35 / 40 / 40cm
· 접착심(소잉심지) 50cm폭 × 50cm
· (P~0 사이즈)단추 1.3cm폭 × 5개
· (1~4 / SD~MD 사이즈)단추 1.5cm폭 × 5 / 5 / 5 / 6 / 6 / 6개

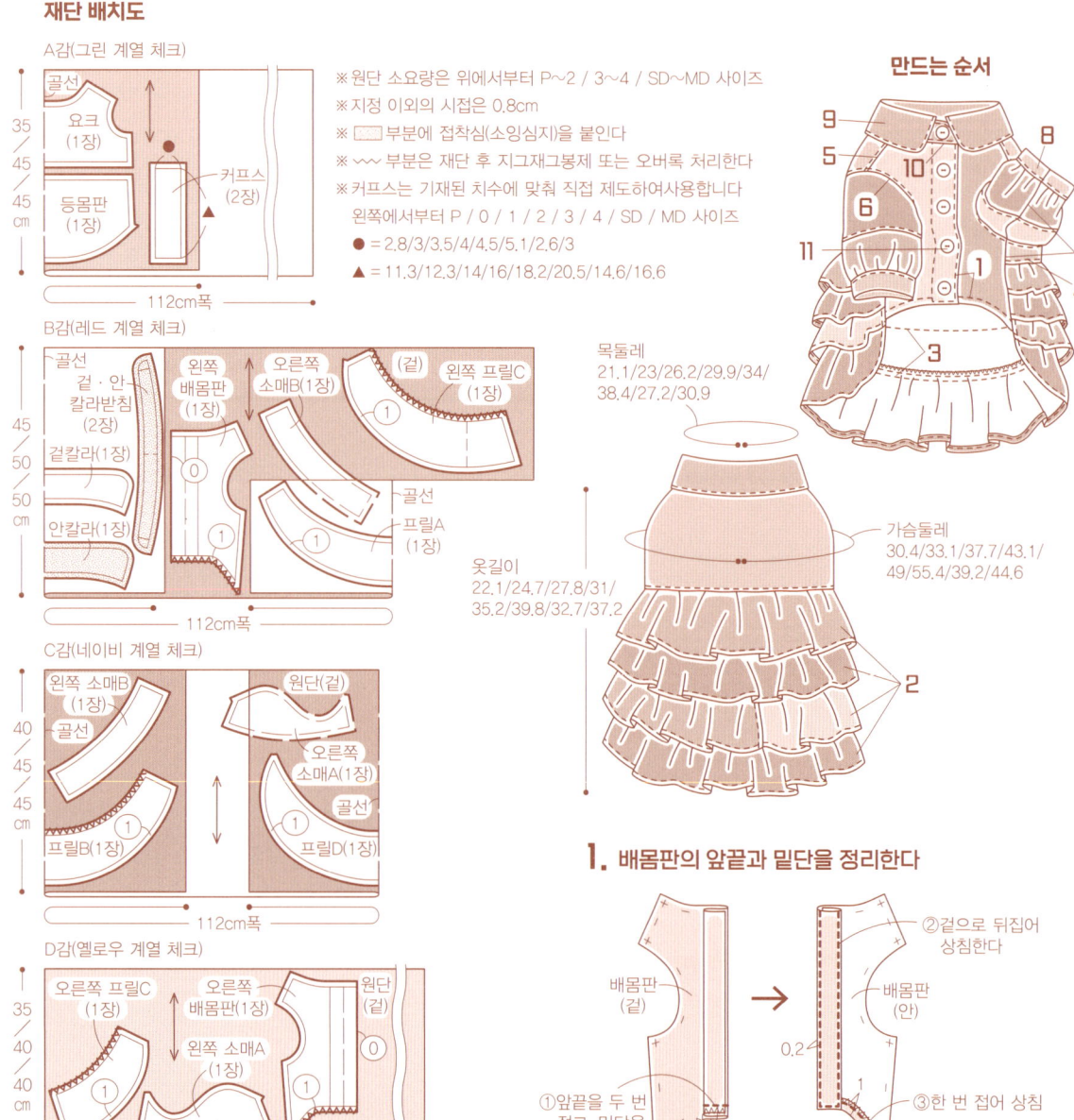

재단 배치도

※ 원단 소요량은 위에서부터 P~2 / 3~4 / SD~MD 사이즈
※ 지정 이외의 시접은 0.8cm
※ ▨ 부분에 접착심(소잉심지)을 붙인다
※ ～ 부분은 재단 후 지그재그봉제 또는 오버록 처리한다
※ 커프스는 기재된 치수에 맞춰 직접 제도하여 사용합니다
왼쪽에서부터 P / 0 / 1 / 2 / 3 / 4 / SD / MD 사이즈
● = 2.8/3/3.5/4/4.5/5.1/2.6/3
▲ = 11.3/12.3/14/16/18.2/20.5/14.6/16.6

만드는 순서

목둘레 21.1/23/26.2/29.9/34/38.4/27.2/30.9

가슴둘레 30.4/33.1/37.7/43.1/49/55.4/39.2/44.6

옷길이 22.1/24.7/27.8/31/35.2/39.8/32.7/37.2

1. 배몸판의 앞끝과 밑단을 정리한다

①앞끝을 두 번 접고, 밑단을 봉합한다
②겉으로 뒤집어 상침한다
③한 번 접어 상침

2. 프릴을 만든다

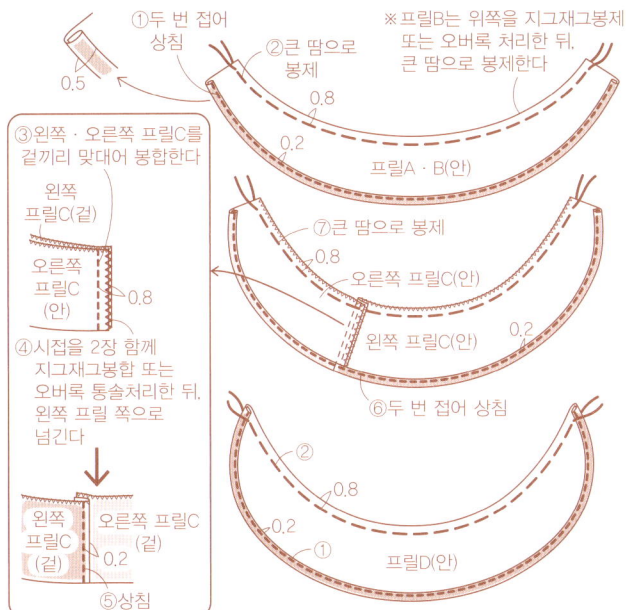

3. 등몸판에 프릴을 단다

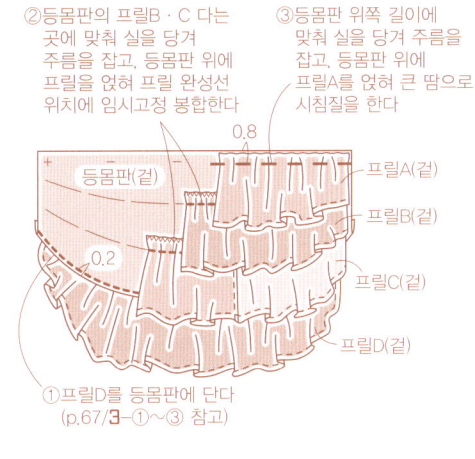

4. 등몸판에 요크를 연결한다

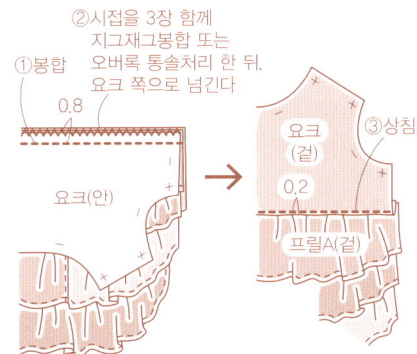

5. 몸판의 어깨를 봉합한다
(p.73/4 참고)

6. 소매를 만들어 몸판에 단다

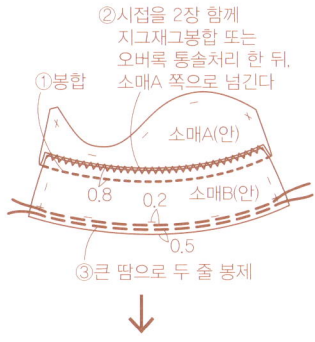

※ 이후 과정은 p.73/5-④~⑥ 참고

7. 몸판과 소매의 옆선을 한 번에 이어서 봉합한다

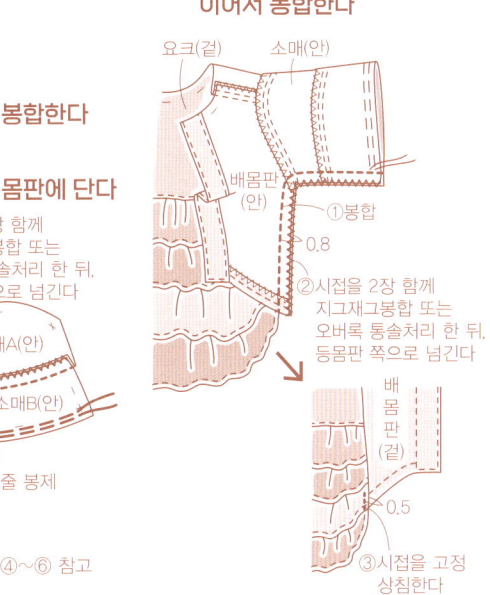

8. 커프스를 만들어 소매에 단다

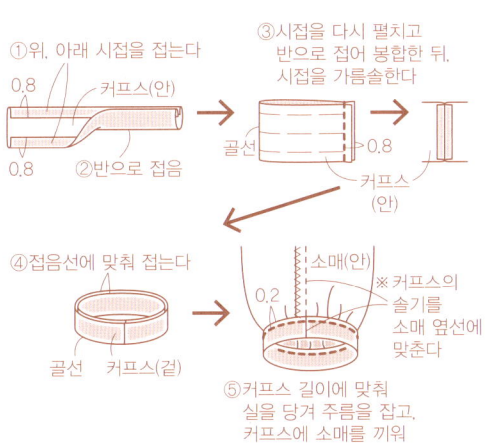

9. 칼라를 만든다

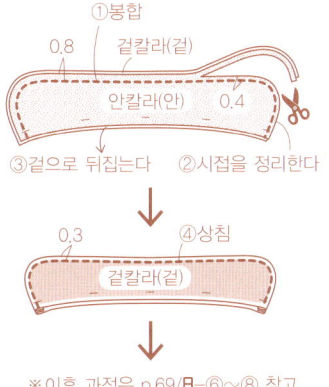

※ 이후 과정은 p.69/8-⑥~⑧ 참고

10. 몸판에 칼라를 단다
(p.69/9 참고)

11. 몸판에 단춧구멍을 뚫고, 단추를 단다

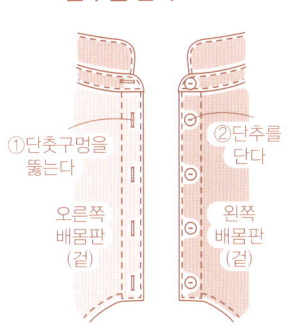

How to Make

M. Photo p.23
긴소매 셔츠+팬츠

▶ **작품 사이즈**
0 / 1 / 2 / 3 / 4 / 5 / SD / MD

▶ **실물 크기 패턴**
긴소매 셔츠 : 2면 배몸판, 등몸판A, 등몸판B, 등몸판C, 요크, 등덮개감, 소매A, 소매B, 겉·안칼라, 겉·안칼라받침
팬츠 : 1면〈공통 팬츠〉요크, 팬츠, 주머니

▶ **재료**
[긴소매 셔츠] [왼쪽에서부터 0~2 / 3~5 / SD~MD 사이즈]
· 코튼 원단(체크)
　A감(그린 계열 체크) 112cm폭 × 25 / 30 / 25cm
　B감(레드 계열 체크) 112cm폭 × 40 / 50 / 40cm
　C감(네이비 계열 체크) 112cm폭 × 25 / 35 / 30cm
　D감(옐로우 계열 체크) 110cm폭 × 35 / 45 / 40cm
· 접착심(소잉심지) 122cm폭 × 50cm
· 니트 원단(다이마루 네이비) 160cm폭 × 30 / 40 / 35cm
· 고무줄 0.3cm폭 × 13 / 14 / 15 / 17 / 19 / 21 / 15 / 17cm(각 2개)
· (0 사이즈)단추 1.3cm폭 × 7개
· (1~5 / SD~MD 사이즈)단추 1.5cm폭 × 7 / 7 / 7 / 8 / 8 / 8 /8개

[팬츠]
· I와 동일한 팬츠입니다. p.64~65를 참고하세요.

재단 배치도

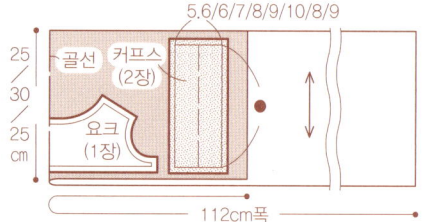

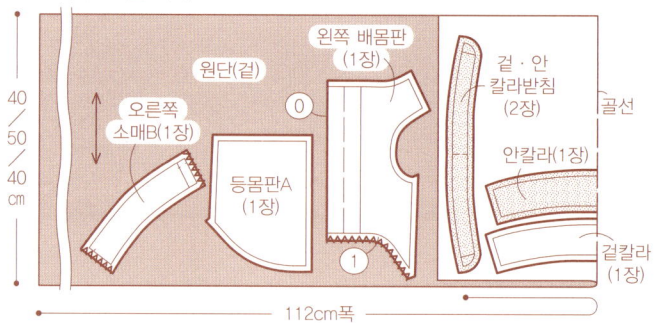

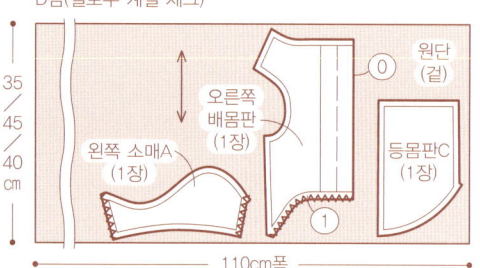

※ 원단 소요량은 위에서부터 0~2 / 3~5 / SD~MD 사이즈
※ 지정 이외의 시접은 0.8cm
※ ▒ 부분에 접착심(소잉심지)을 붙인다
※ ∿ 부분은 재단 후 지그재그봉제 또는 오버록 처리한다
※ 커프스는 기재된 치수에 맞춰 직접 제도하여사용합니다
왼쪽에서부터 0 / 1 / 2 / 3 / 4 / 5 / SD / MD 사이즈

만드는 순서

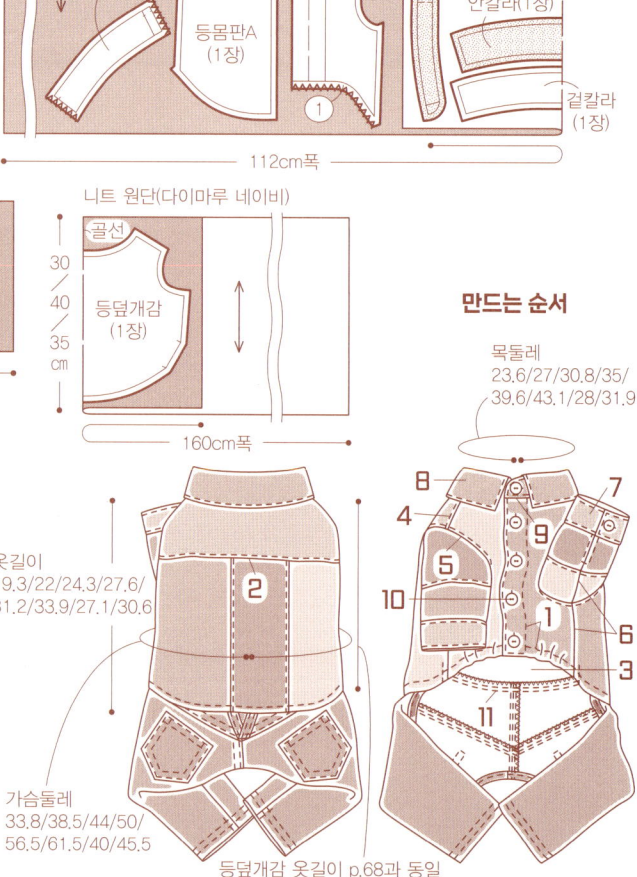

목둘레 23.6/27/30.8/35/39.6/43.1/28/31.9
옷길이 19.3/22/24.3/27.6/31.2/33.9/27.1/30.6
가슴둘레 33.8/38.5/44/50/56.5/61.5/40/45.5
등덮개감 옷길이 p.68과 동일

1. 배몸판의 앞끝과 밑단을 정리한다 (p.57/6 참고)
※ 고무줄 재단치수 ■ = 4.4/4.8/5.5/6.5/7.5/8.2/5.5/6.5

2. 등몸판을 만들고 요크를 연결한다

3. 등몸판과 등덮개감을 연결한다
(p.57/1-①~③ 참고)

4. 몸판의 어깨를 봉합한다

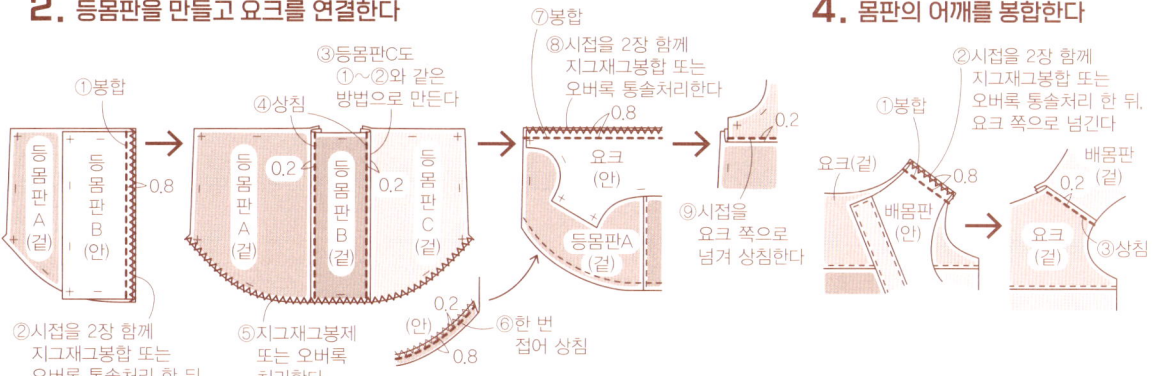

5. 소매를 만들어 몸판에 단다

6. 몸판과 소매의 옆선을 한 번에 이어서 봉합한다

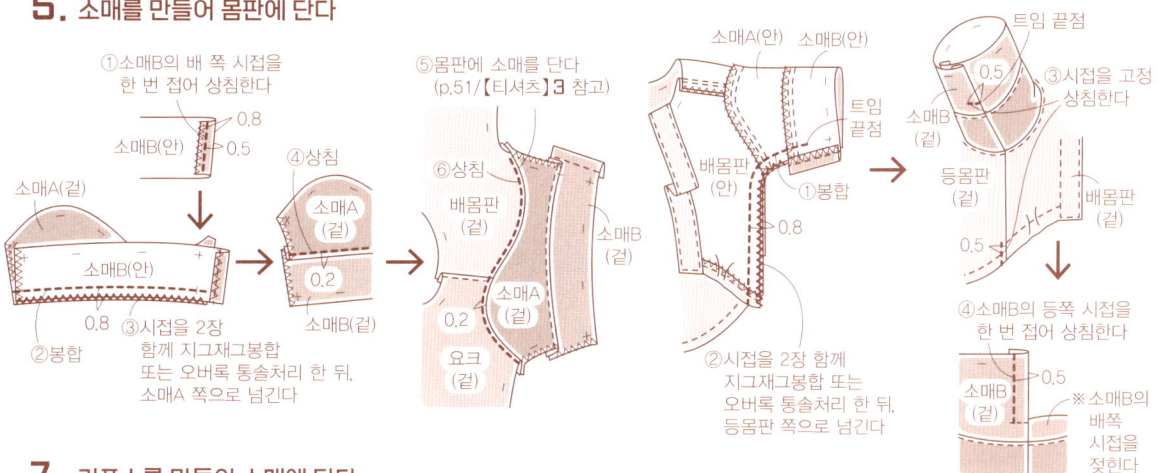

7. 커프스를 만들어 소매에 단다

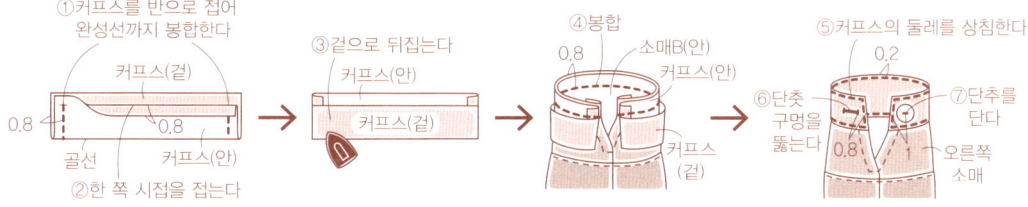

8. 칼라를 만든다

9. 몸판에 칼라를 단다 (p.69/9 참고)

10. 몸판에 단춧구멍을 뚫고, 단추를 단다

11. 팬츠를 만들고, 등덮개감에 팬츠를 단다
(p.65/【팬츠】1~6 참고), (p.69/11 참고)

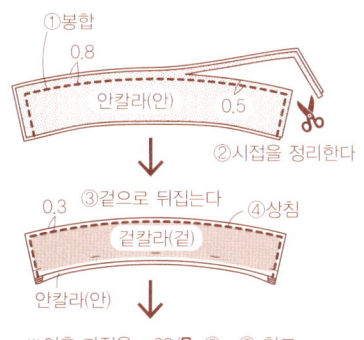
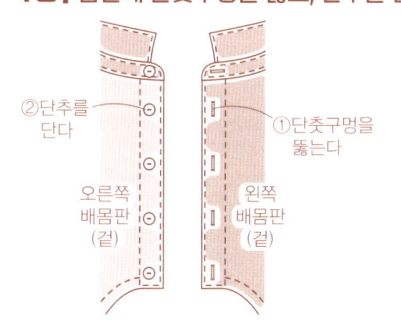

How to Make

O. Photo p.25

원피스

◗ 작품 사이즈

0 / 1 / 2 / 3 / 4 / SD / MD

◗ 실물 크기 패턴

4면 배몸판, 등몸판, 겉·안칼라, 겉·안칼라덧단감, 앞소매, 뒷소매, 겉·안커프스, 프릴A, 프릴B·C, 프릴D·E, 스커트 몸판

◗ 재료 [왼쪽에서부터 0~2 / 3~4 / SD~MD 사이즈]

- 트윌 원단(라이트 그레이) 110cm폭 × 100 / 110 / 110cm
- 접착심(소잉심지) 50cm폭 × 50cm
- 스프링 도트 단추 1.3cm폭 × 7 / 7 / 7 / 7 / 8 / 8 / 8쌍
- 고무줄 0.3cm폭 × 11 / 12 / 14 / 15 / 17 / 14 / 16cm(각 2개)
- 작품과 동일한 프린트 장식 사용을 원할 경우, p.49에 기재된 사이트를 참고하여 도안을 다운로드한 뒤, 의류 전사지 시트에 직접 인쇄하여 사용합니다.

재단 배치도

트윌 원단(라이트 그레이)

골선
(1장)
프릴A
프릴B(1장)
프릴C(1장)
프릴D(1장)
프릴E(1장)
100 / 110 / 110 cm
등몸판 (1장)
뒷소매 (2장)
스커트 몸판(1장)
골선
겉커프스 (2장)
안커프스 (2장)
겉칼라(1장)
안칼라(1장)
겉 · 안 칼라덧단감 (2장)
트임 끝점
앞소매(2장)
배몸판 (2장)
0
1.2
110cm폭

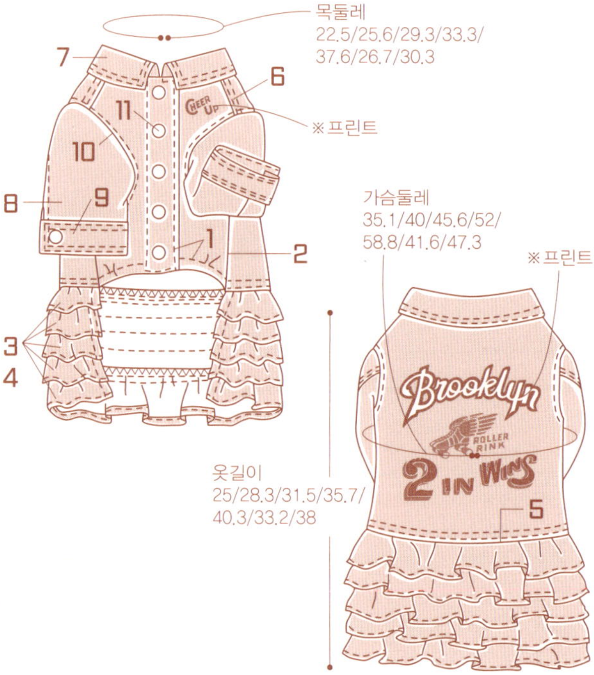

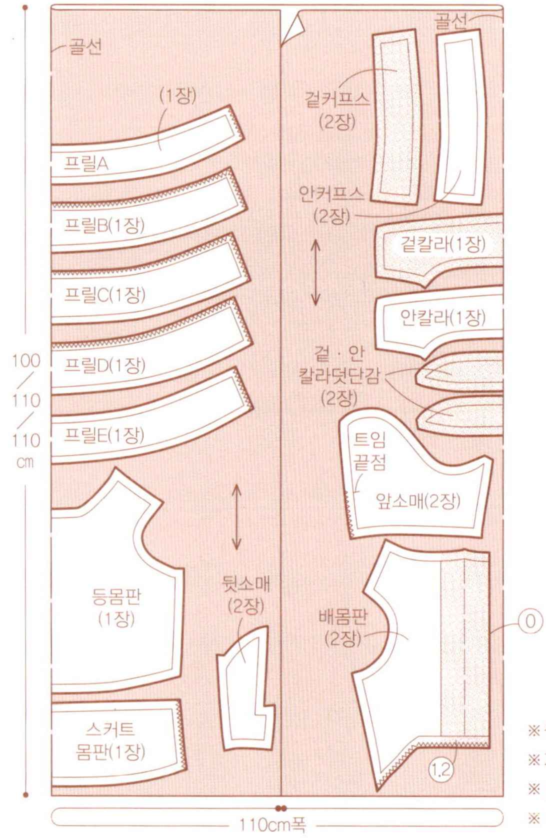

※원단 소요량은 위에서부터 0~2 / 3~4 / SD~MD 사이즈
※지정 이외의 시접은 0.8cm
※ ▭ 부분에 접착심(소잉심지)을 붙인다
※ 〰 부분은 재단 후 지그재그봉제 또는 오버록 처리한다

준비 배몸판, 등몸판에 프린트를 붙인다

만드는 순서

목둘레
22.5/25.6/29.3/33.3/
37.6/26.7/30.3
7
6
11
10
※프린트
8
9
1
2
3
4
가슴둘레
35.1/40/45.6/52/
58.8/41.6/47.3
※프린트
Brooklyn
ROLLER RINK
2 IN WINS
옷길이
25/28.3/31.5/35.7/
40.3/33.2/38
5

1. 배몸판의 앞끝과 밑단을 정리한다

②배중심에
가윗집을 준다
0.8
배몸판
(겉)
①앞끝을
두 번 접어
위, 아래를
봉합한다
1.2
1
배몸판
(안)
고무줄
③앞끝을 겉으로 뒤집는다
0.2
0.2
배몸판
(안)
고무줄 재단치수
■ = 3.5/4/5/
5.5/6.5/5/6
④고무줄을 끼우고,
앞끝 둘레를
상침한다
1.2
0.8
■
0.5
⑤고무줄을
반대쪽으로
꺼내고,
임시고정
봉합한다

2. 몸판의 옆선을 봉합한다

배몸판(안)
등몸판
(안)
0.8
②시접을 2장 함께
지그재그봉합 또는 오버록
통솔처리 한 뒤,
등몸판 쪽으로 넘긴다
①봉합

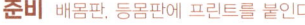

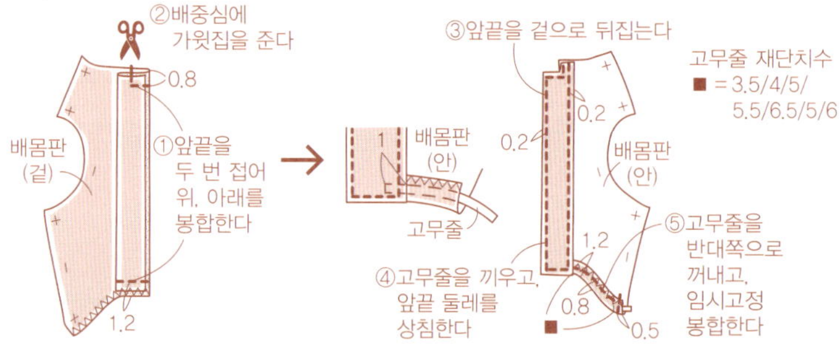

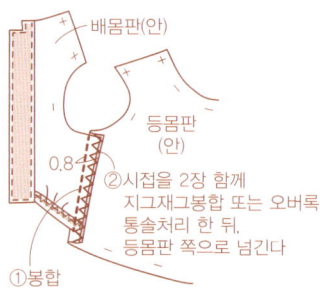

3. 프릴을 만든다

①프릴A~E의 밑단을 두 번 접어 상침한다
※프릴B, C, D위쪽은 지그재그봉제 또는 오버록 처리되어 있는 상태입니다.
프릴A~E(안)
0.4
0.3

②양 옆선을 한 번 접어 상침한다
0.8
0.5
프릴A~E(안)

③큰 땀으로 봉제
0.5
프릴A~E(안)

4. 스커트 몸판에 프릴을 단다

①스커트 몸판에 프릴E를 단다 (p.43/6 참고)

②스커트 몸판에 프릴B, C, D를 단다 (p.43/7 참고)

스커트 몸판(겉)
0.8
프릴 다는 곳
프릴B(겉)
프릴C(겉)
프릴D(겉)
프릴E(겉)

③스커트 몸판에 프릴A를 단다 (p.44/8-❶ 참고)

스커트 몸판(겉)
0.5
※임시고정 봉합
프릴A(겉)

5. 등몸판에 스커트 몸판을 단다

①봉합
②시접을 3장 함께 지그재그봉합 또는 오버록 통솔처리 한 뒤, 등몸판 쪽으로 넘긴다
0.8
스커트 몸판(안)
등몸판(겉)

등몸판(겉)
0.5
0.1
③두 줄 상침
프릴A(겉)
스커트 몸판(겉)

6. 몸판의 어깨를 봉합한다 (p.77/10 참고)

7. 칼라를 만들어 몸판에 단다 (p.77/11 참고)

8. 소매를 만든다

뒷소매(안)
0.4
0.1
①트임 시접을 두 번 접어 상침한다

②봉합
뒷소매
0.8
앞소매(겉)

④두 줄 상침
뒷소매(겉)
0.5
0.1
앞소매(겉)
트임 끝점

⑥뒷소매를 젖히고, 앞소매 트임 끝점을 되돌아 박기한다
트임 끝점
0.5
앞소매(겉)
※뒷소매를 젖힌다
⑤두 줄 상침

⑦봉합
뒷소매(겉)
0.8
앞소매(안)

⑧시접을 2장 함께 지그재그봉합 또는 오버록 통솔처리 한 뒤, 뒷소매 쪽으로 넘긴다

9. 소매에 커프스를 단다

①안커프스의 시접을 접는다
겉커프스(겉)
안커프스(안)
②봉합
0.8
③모서리 시접 정리

④겉으로 뒤집는다
안커프스(겉)
겉커프스(안)

소매(겉)
안커프스(겉)
겉커프스(안)
⑤봉합
0.8

소매(겉)
0.1
⑥두 줄 상침
0.5
겉쪽(凸)
안쪽(凹)
⑦스프링 도트 단추를 단다

10. 몸판에 소매를 단다

등몸판(안)
소매(안)
①몸판과 소매를 겉끼리 맞대어 봉합한다
②시접을 2장 함께 지그재그봉합 또는 오버록 통솔처리 한 뒤, 몸판 쪽으로 넘긴다
0.8
배몸판(안)
※소매의 옆선 솔기를 몸판 옆선에 맞춘다

소매(겉)
0.1
배몸판(겉)
③암홀둘레를 상침한다

11. 몸판에 스프링 도트 단추를 단다
(p.39/스프링 도트 단추 다는 방법 참고)

오른쪽 배몸판(겉)
왼쪽 배몸판(겉)

②안쪽에 스프링 도트 단추(凹)를 단다

①겉쪽에 스프링 도트 단추(凸)를 단다

How to Make

N. Photo p.24
점프슈트

▶ 작품 사이즈
0 / 1 / 2 / 3 / 4 / SD / MD

▶ 실물 크기 패턴
4면 배몸판, 등몸판, 겉·안칼라, 겉·안칼라덧단감, 앞소매, 뒷소매, 겉·안커프스, 겉·안허리벨트, 팬츠, 주머니

▶ 재료 [왼쪽에서부터 0~2 / 3~4 / SD~MD 사이즈]
· 트윌 원단(라이트 그레이) 110cm폭 × 90 / 100 / 100cm
· 접착심(소잉심지) 50cm폭 × 50cm
· 스프링 도트 단추 1.3cm폭 × 7 / 7 / 7 / 8 / 8 / 8쌍
· 바인딩 고무줄 1cm폭(완성폭) × 27 / 30 / 33 / 37 / 40 / 33 / 37cm(각 2개)
· 작품과 동일한 프린트 장식 사용을 원할 경우, p.49에 기재된 사이트를 참고하여 도안을 다운로드한 뒤, 의류 전사지 시트에 직접 인쇄하여 사용합니다.

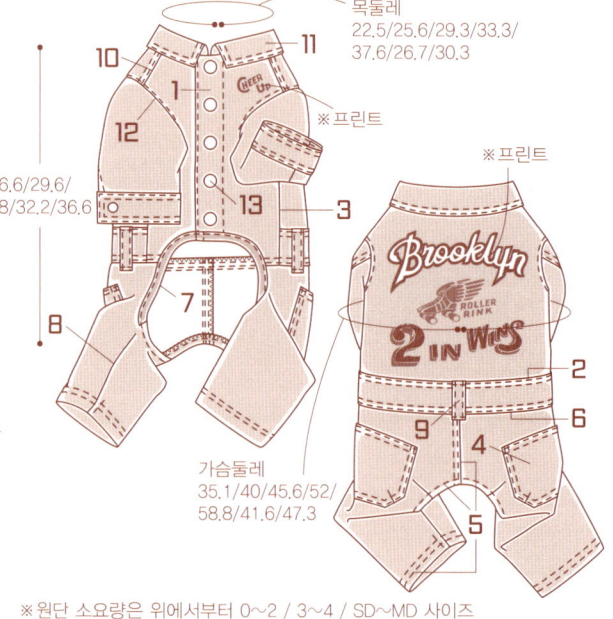

※ 원단 소요량은 위에서부터 0~2 / 3~4 / SD~MD 사이즈
※ 지정 이외의 시접은 0.8cm
※ ▨ 부분은 접착심(소잉심지)을 붙인다
※ ～ 부분은 재단 후 지그재그봉제 또는 오버록 처리한다
※ 벨트고리는 기재된 치수에 맞춰 직접 제도하여 사용합니다
왼쪽에서부터 0/1/2/3/4/SD/MD사이즈
● = 16.2/17.7/19.5/21.3/23.1/18.3/19.8

1. 배몸판의 앞끝을 정리한다

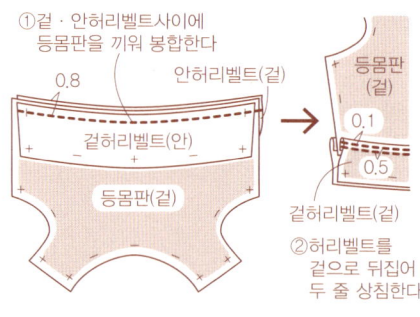

2. 등몸판에 허리벨트를 단다

3. 몸판의 옆선을 봉합한다

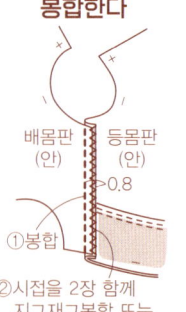

4. 주머니를 만들어 팬츠에 단다

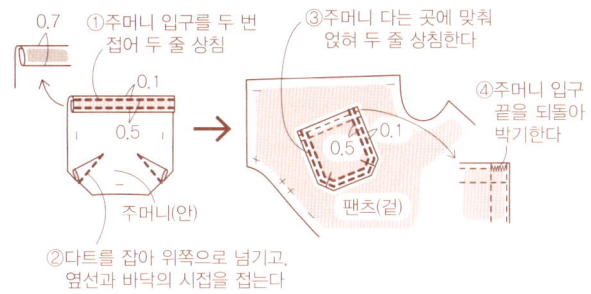

5. 팬츠를 만든다

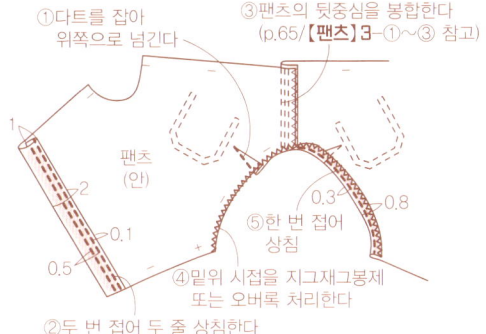

6. 몸판에 팬츠를 단다

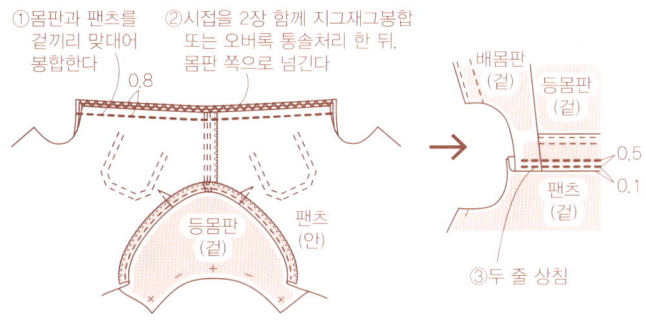

7. 팬츠의 가랑이를 바이어스 처리한다

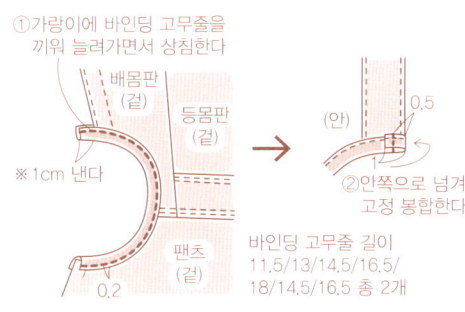

바인딩 고무줄 길이
11.5/13/14.5/16.5/
18/14.5/16.5 총 2개

8. 팬츠의 밑아래를 봉합한다 (p.65/【팬츠】5-②~④ 참고)

9. 허리벨트에 벨트고리를 단다

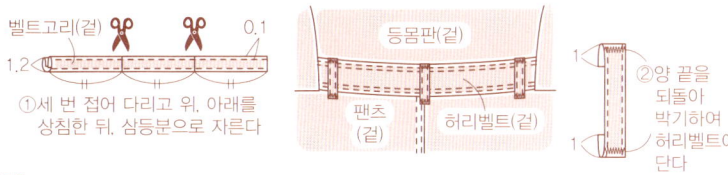

10. 몸판의 어깨를 봉합한다

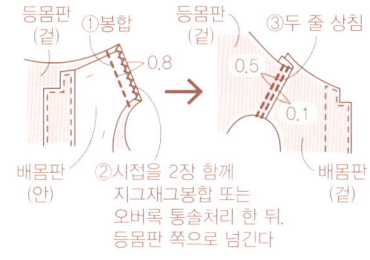

11. 칼라를 만들어 몸판에 단다

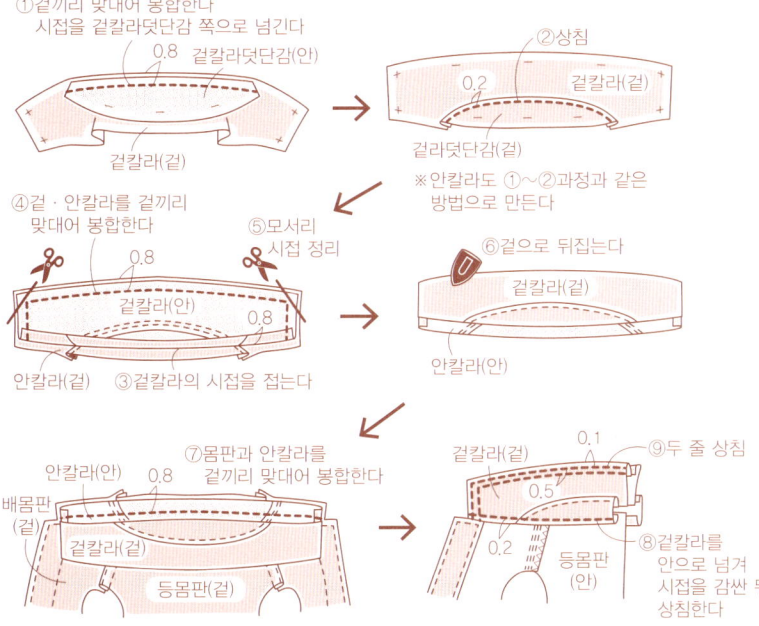

12. 소매를 만들어 커프스를 달고, 몸판에 소매를 단다
(p.75/8~10 참고)

13. 몸판에 스프링 도트 단추를 단다
(p.39/스프링 도트 단추 다는 방법 참고)

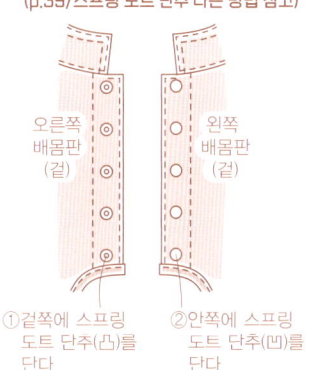

Q. Photo p.26

점퍼스커트

▶ 작품 사이즈
0 / 1 / 2 / 3 / 4 / SD / MD

▶ 실물 크기 패턴
5면 겉·안배몸판, 등몸판, 등덮개감, 겉·안어깨끈감, 주머니

▶ 재료 [왼쪽에서부터 0~2 / 3~4 / SD~MD 사이즈]
· 스트레치 원단(데님) 110cm폭 × 65 / 80 / 70cm
· 스트레치 원단(코튼) 100cm폭 × 65 / 80 / 70cm
· 스프링 도트 단추(凹) 1.15cm폭 × 4 / 4 / 4 / 4 / 4 / 6 / 6개
· 스프링 도트 단추(凸) 1.15cm폭 × 8 / 8 / 8 / 8 / 8 / 12 / 12개
· 청바지용 탭 0.7cm폭 × 4개
· 하트 모양 와펜 1장

재단 배치도

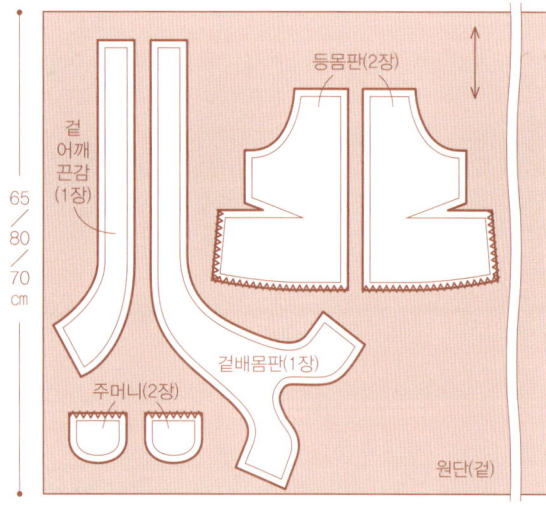

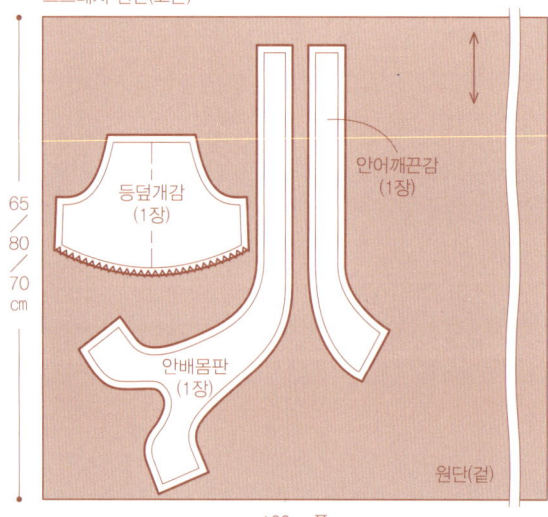

만드는 순서

가슴둘레
29.7/34/38.8/44/49.8/35/39.8

※ 배몸판 옆선 쪽의 스프링 도트 단추(凸)는 2가지 사이즈로 달려 있으므로 착장자가 원하는 가슴둘레에 맞춰 조절하여 착용해주세요.

※ 어깨끈감을 단춧구멍에 통과시켜 묶는다

옷길이
19.9/22.5/25/28.4/32.1/27.6/31.4

※ 원단 소요량은 위에서부터 0~2 / 3~4 / SD~MD 사이즈
※ 지정 이외의 시접은 0.8cm
※ ～～ 부분은 재단 후 지그재그봉제 또는 오버록 처리한다

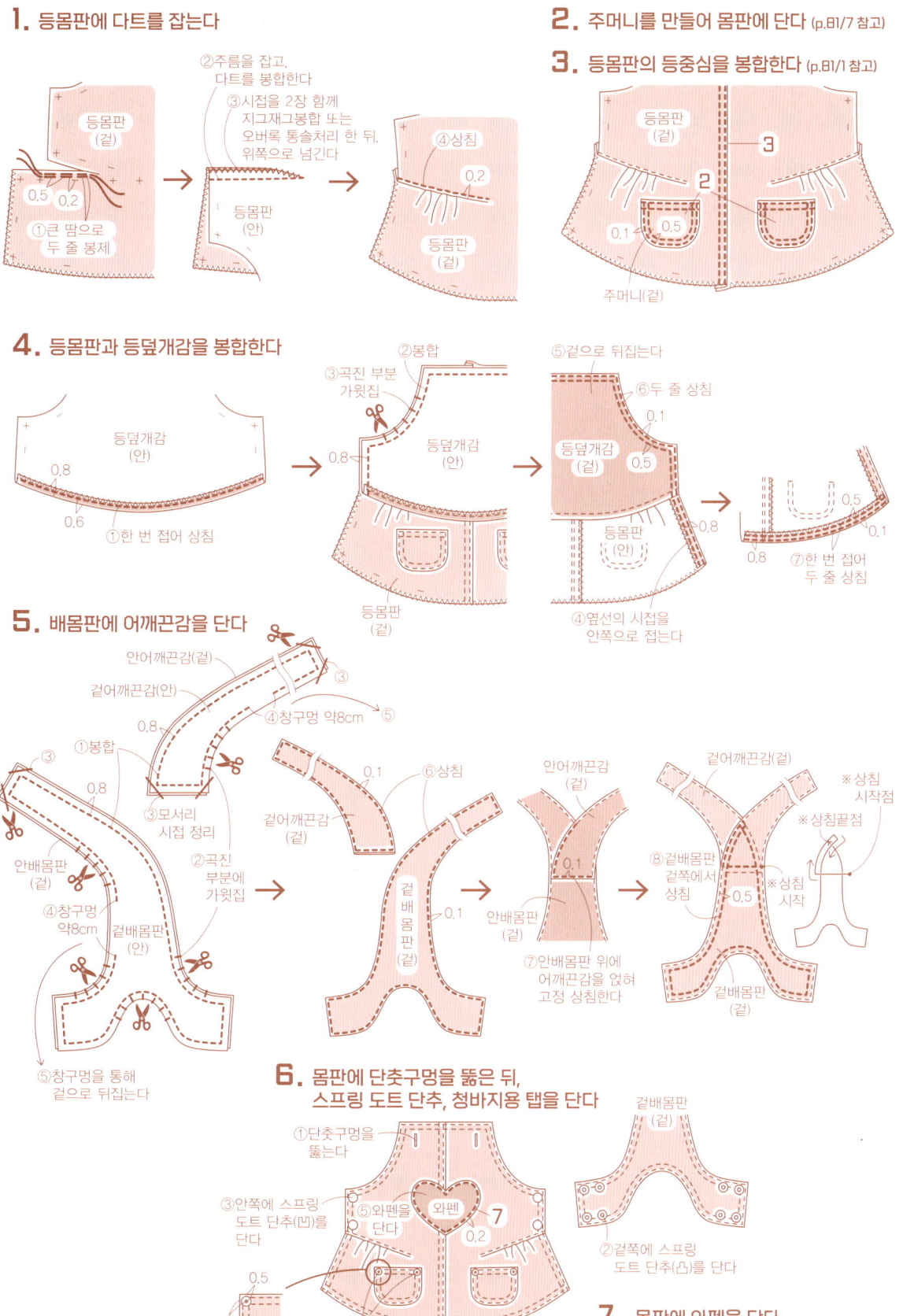

P. Photo p.26

멜빵바지

▶ 작품 사이즈
0 / 1 / 2 / 3 / 4 / SD / MD

▶ 실물 크기 패턴
5면 겉·안배몸판, 겉·안등몸판, 겉·안어깨끈감, 팬츠, 주머니

▶ 재료 [왼쪽에서부터 0~2 / 3~4 / SD~MD 사이즈]
· 스트레치 원단(데님) 110cm폭 × 65 / 80 / 70cm
· 스트레치 원단(코튼) 100cm폭 × 65 / 80 / 70cm
· 바인딩 고무줄 1cm(완성폭) × 15 / 17 / 18 / 20 / 22 / 17 / 19(각 2개)
· 고무줄 2cm폭 × 26 / 29 / 32 / 36 / 40 / 30 / 34(각 2개)
· 스프링 도트 단추(凹) 1.15cm폭 × 4 / 4 / 4 / 4 / 4 / 6 / 6개
· 스프링 도트 단추(凸) 1.15cm폭 × 8 / 8 / 8 / 8 / 8 / 12 / 12개
· 청바지용 탭 0.7cm폭 × 2개
· 하트 모양 와펜 1장

재단 배치도

스트레치 원단(데님)

- 겉어깨끈감 (1장)
- 겉배몸판 (1장)
- 팬츠 (2장)
- 원단(겉)
- 겉등몸판 (2장)
- 주머니 (1장)
- 팬츠 밑단감 (2장)

65 / 80 / 70 cm
110cm폭
15/17.2/19.6/22.3/25.2/17.8/20.2

스트레치 원단(코튼)

- 안등몸판 (1장)
- 안어깨끈감 (1장)
- 안배몸판 (1장)
- 원단(겉)

65 / 80 / 70 cm
100cm폭

※ 원단 소요량은 위에서부터 0~2 / 3~4 / SD~MD 사이즈
※ 지정 이외의 시접은 0.8cm
※ ⌇⌇ 부분은 재단 후 지그재그봉제 또는 오버록 처리한다
※ 팬츠 밑단감은 기재된 치수에 맞춰 직접 제도하여 사용합니다
 왼쪽에서부터 0 / 1 / 2 / 3 / 4 / SD / MD 사이즈

만드는 순서

※ 배몸판 옆선 쪽의 스프링 도트 단추(凸)는 2가지 사이즈로 달려 있으므로 착장자가 원하는 가슴둘레에 맞춰 조절하여 착용해주세요

가슴둘레 29.7/34/38.8/44/49.8/35/39.8

※ 어깨끈감을 단츳구멍에 통과시켜 묶는다

옷길이 18.9/21.5/23.8/27/30.5/26.4/30

80

1. 겉등몸판의 등중심을 봉합한다

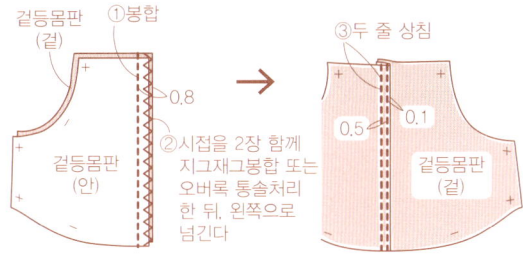

2. 겉·안등몸판을 연결한다

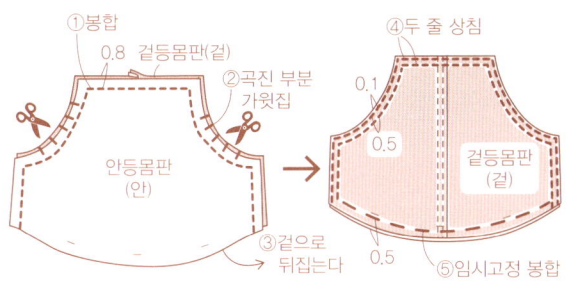

3. 팬츠의 뒷중심과 밑위를 봉합한다

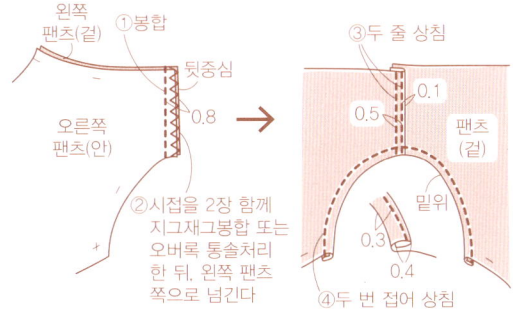

4. 팬츠에 팬츠 밑단감을 단다

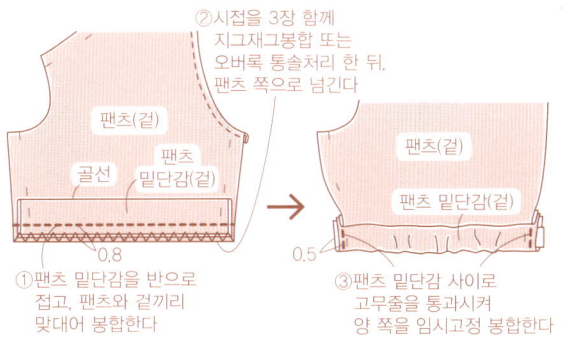

5. 팬츠의 가랑이를 바이어스 처리한다
(p.65/【팬츠】4 참고)
※ 바인딩 고무줄 길이 7.5/8.5/9/10/11/8.5/9.5 총 2개

6. 등몸판에 팬츠를 단다

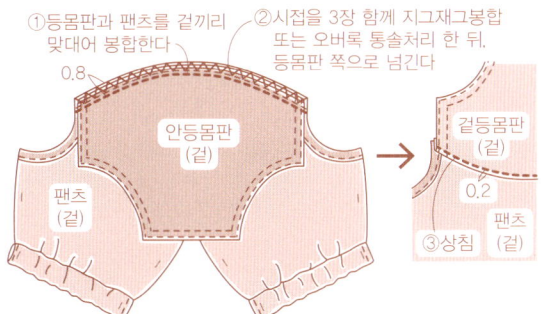

7. 주머니를 만들어 몸판에 단다

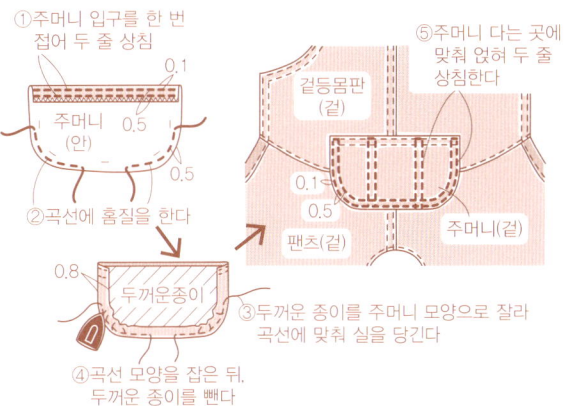

8. 팬츠의 밑아래를 봉합한다

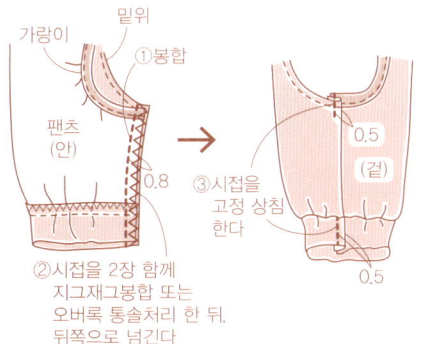

9. 배몸판에 어깨끈감을 단다 (p.79/5 참고)

10. 몸판에 단춧구멍을 뚫은 뒤, 스프링 도트 단추, 청바지용 탭을 단다

11. 몸판에 와펜을 단다

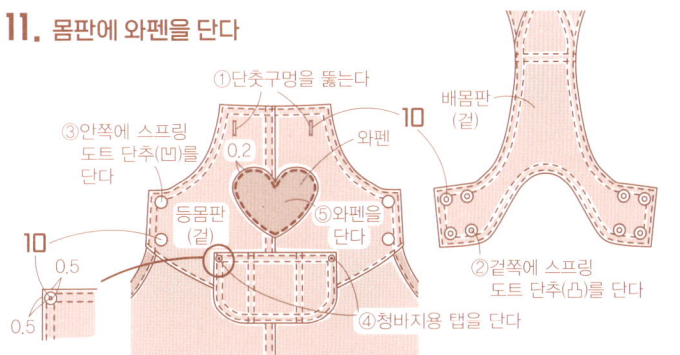

R. Photo p.28

후드 트렌치 코트

▶ 작품 사이즈
0 / 1 / 2 / 3 / 4 / SD / MD

▶ 실물 크기 패턴
6면 왼쪽 겉·안배몸판, 오른쪽 겉·안배몸판, 등몸판, 등덮개감, 소매, 소매벨트, 겉·안칼라, 겉·안칼라받침, 플리츠감, 겉·안후드

▶ 재료 [왼쪽에서부터 0~2 / 3~4 / SD~MD 사이즈]
- 스트레치 원단(새틴) 118cm폭 × 90 / 110 / 95cm
- 기모 니트(그레이) 180폭 × 25 / 30 / 25cm
- 니트 원단(다이마루 블루) 165폭 × 10cm
- 접착심(소잉심지) 90폭 × 40 / 50 / 40cm
- (0~1 / SD 사이즈) 단추 1.5cm폭 × 5개
- (2~4 / MD 사이즈) 단추 1.8cm폭 × 5개
- (0~1 / SD~MD 사이즈) 버클 1.5cm폭 × 2개
- (2~4 사이즈) 버클 2cm폭 × 2개
- 스냅 단추 1cm폭 × 1 / 1 / 1 / 2 / 2 / 2 / 2쌍
- 단추 1cm폭 × 4개
- 단춧구멍 테이프 1cm폭 × 4개

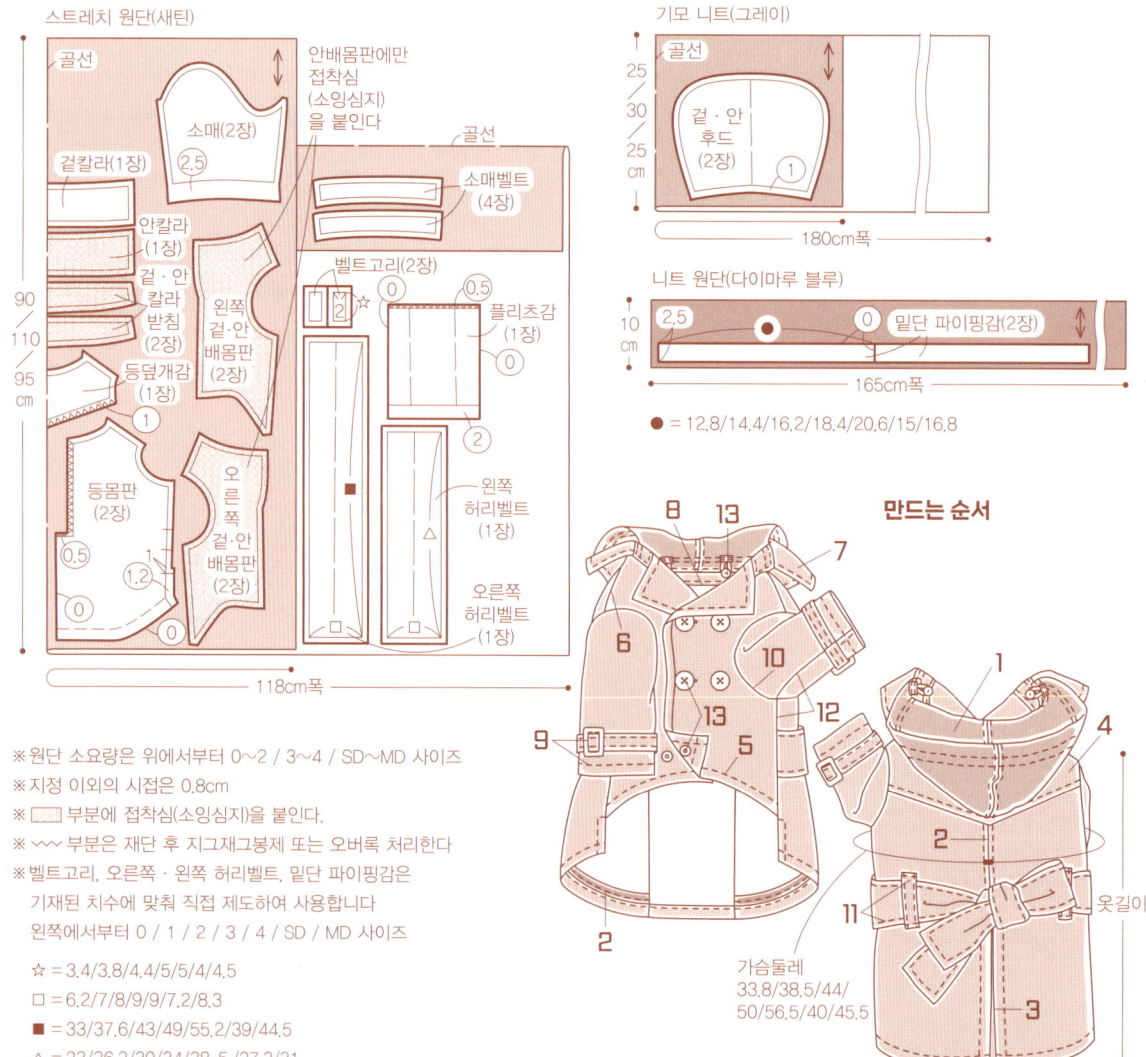

※ 원단 소요량은 위에서부터 0~2 / 3~4 / SD~MD 사이즈
※ 지정 이외의 시접은 0.8cm
※ ▨ 부분에 접착심(소잉심지)을 붙인다.
※ ∿ 부분은 재단 후 지그재그봉제 또는 오버록 처리한다
※ 벨트고리, 오른쪽·왼쪽 허리벨트, 밑단 파이핑감은
   기재된 치수에 맞춰 직접 제도하여 사용합니다
   왼쪽에서부터 0 / 1 / 2 / 3 / 4 / SD / MD 사이즈

☆ = 3.4/3.8/4.4/5/5/4/4.5
□ = 6.2/7/8/9/9/7.2/8.3
■ = 33/37.6/43/49/55.2/39/44.5
△ = 23/26.2/30/34/38.5/27.3/31

1. 후드를 만든다

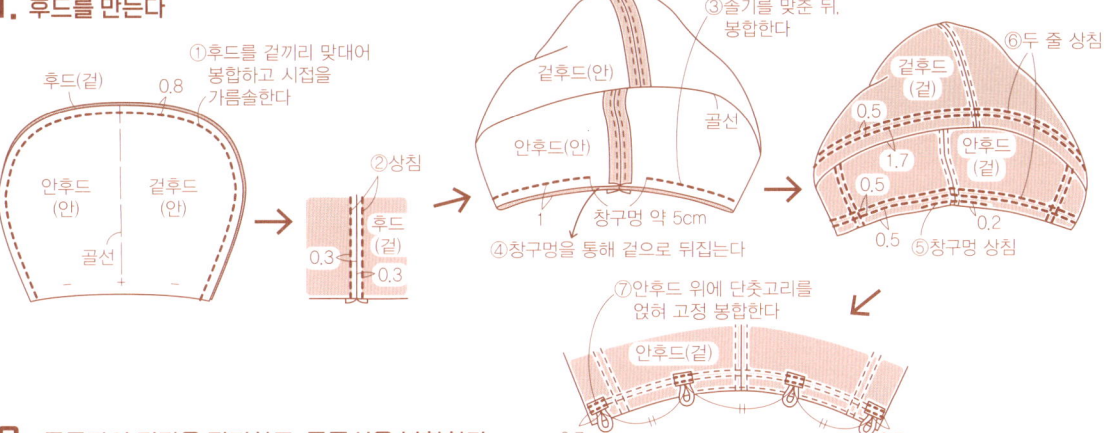

2. 등몸판의 밑단을 정리하고, 등중심을 봉합한다

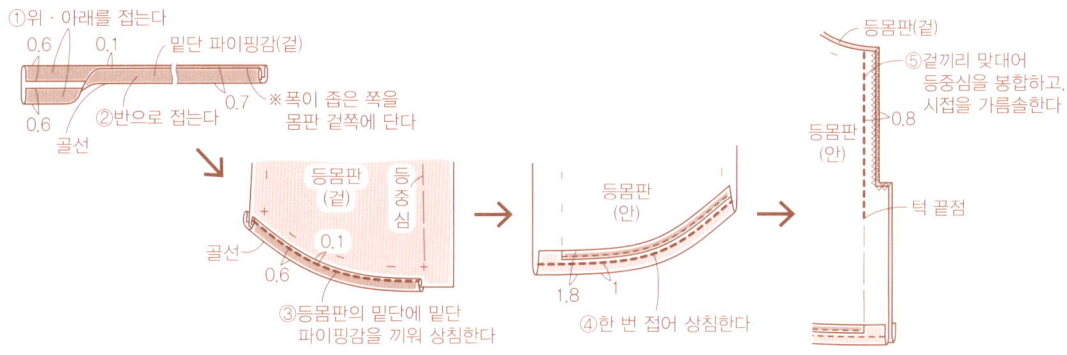

3. 등몸판에 플리츠감을 단다

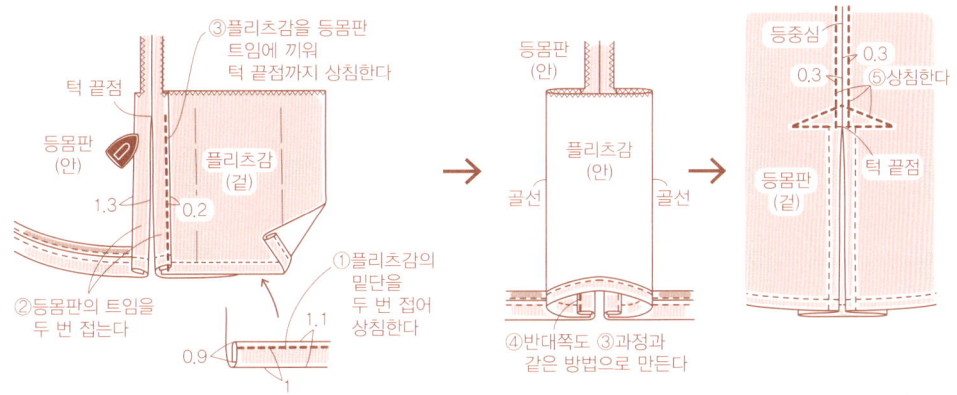

4. 등몸판에 등덮개감을 단다

5. 배몸판을 만든다

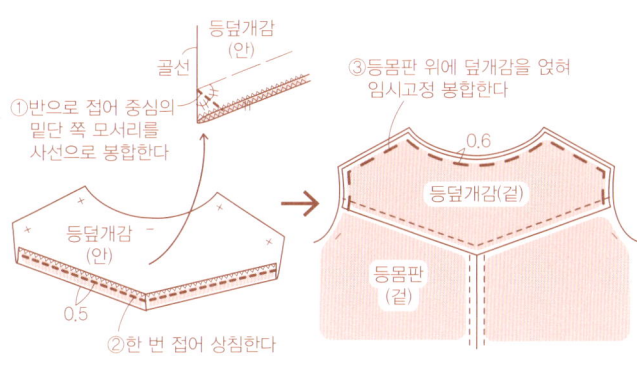

How to Make

6. 몸판의 어깨를 봉합한다 (p.57/2 참고)

7. 칼라를 만든다

8. 몸판에 칼라를 단다

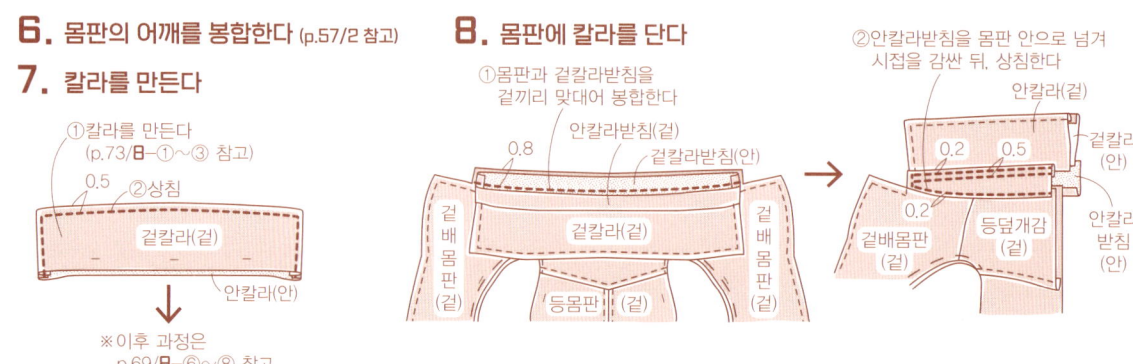

9. 소매의 밑단을 정리하고, 소매벨트를 단다

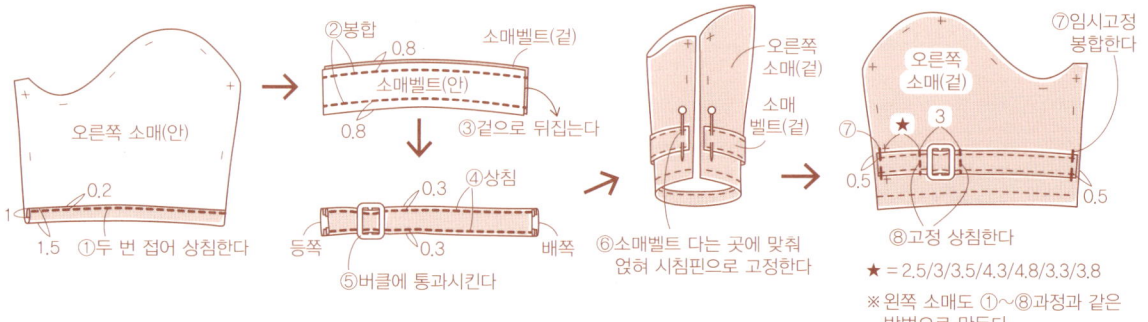

10. 몸판에 소매를 단다 (p.51/【티셔츠】3 참고)
※ 봉합 후, 시접을 소매 쪽으로 넘긴다

11. 벨트고리와 허리벨트를 만들어 등몸판에 단다

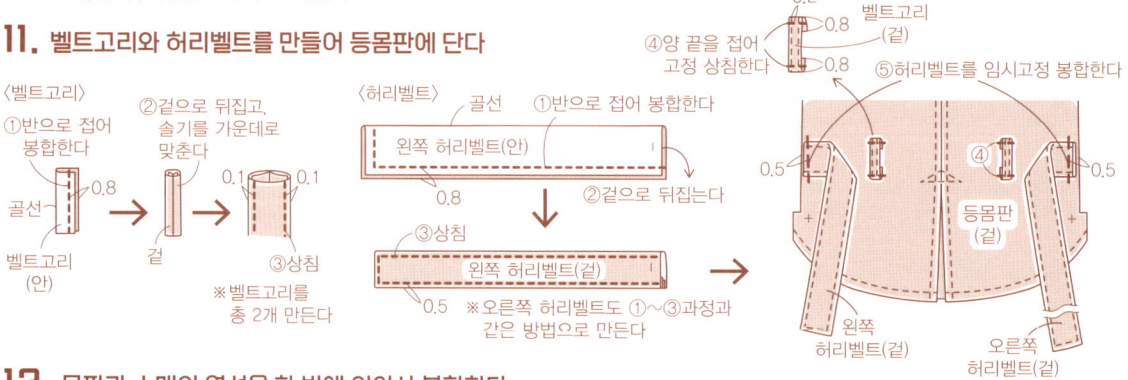

12. 몸판과 소매의 옆선을 한 번에 이어서 봉합한다

13. 몸판에 단춧구멍을 뚫고, 단추를 단다

S. Photo p.30

양면 케이프

▶ 작품 사이즈
0 / 1 / 2 / 3 / 4 / SD / MD

▶ 실물 크기 패턴
4면 겉·안몸판, 겉·안후드

▶ 재료 [왼쪽에서부터 0~2 / 3~4 / SD~MD 사이즈]
· 트위드 원단 110cm폭 × 45 / 50 / 50cm
· 덤블링 원단(연한 갈색) 140cm폭 × 45 / 50 / 50cm
· 스프링 도트 단추 1.3cm폭 × 1쌍
· 가죽사시꼬미 10cm길이 × 1쌍

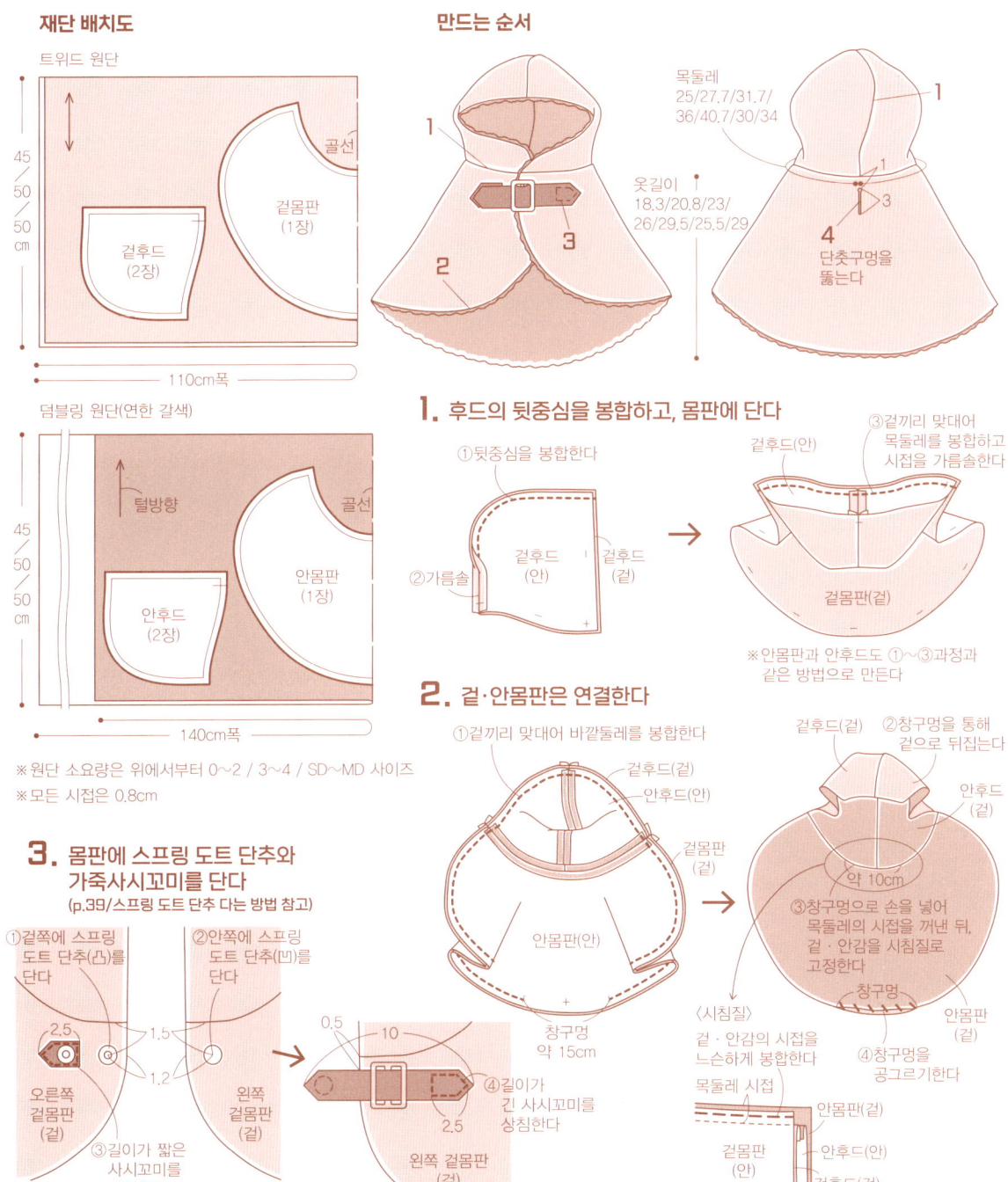

T. Photo p.31

후드 재킷

▶ **작품 사이즈**
0 / 1 / 2 / 3 / 4 / SD / MD

▶ **실물 크기 패턴**
6면 겉·안배몸판, 겉·안등몸판, 겉소매, 안소매, 겉·안후드
※소매의 움직임이 편하도록 안소매 패턴에 여유분이 들어가 있어, 겉소매 패턴보다 길이가 길게 수록되어 있습니다.

▶ **재료** [왼쪽에서부터 0~2 / 3~4 / SD~MD 사이즈]
· 페이크퍼 원단(레오퍼드 무늬) 110cm폭 × 60 / 70 / 65cm
· 타프타 원단(레오퍼드 무늬) 110cm폭 × 55 / 65 / 60cm
· 고무줄(몸판 밑단용) 1cm폭 × 25 / 28 / 32 / 36 / 40 / 30 / 34cm
· 고무줄(소매 밑단용) 1cm폭 × 28.6 / 32 / 36 / 40.4 / 45.2 / 34.4 / 38.4cm (각 2개)
· 스냅 단추 1.2cm폭 × 4 / 4 / 4 / 5 / 5 / 5 / 5쌍

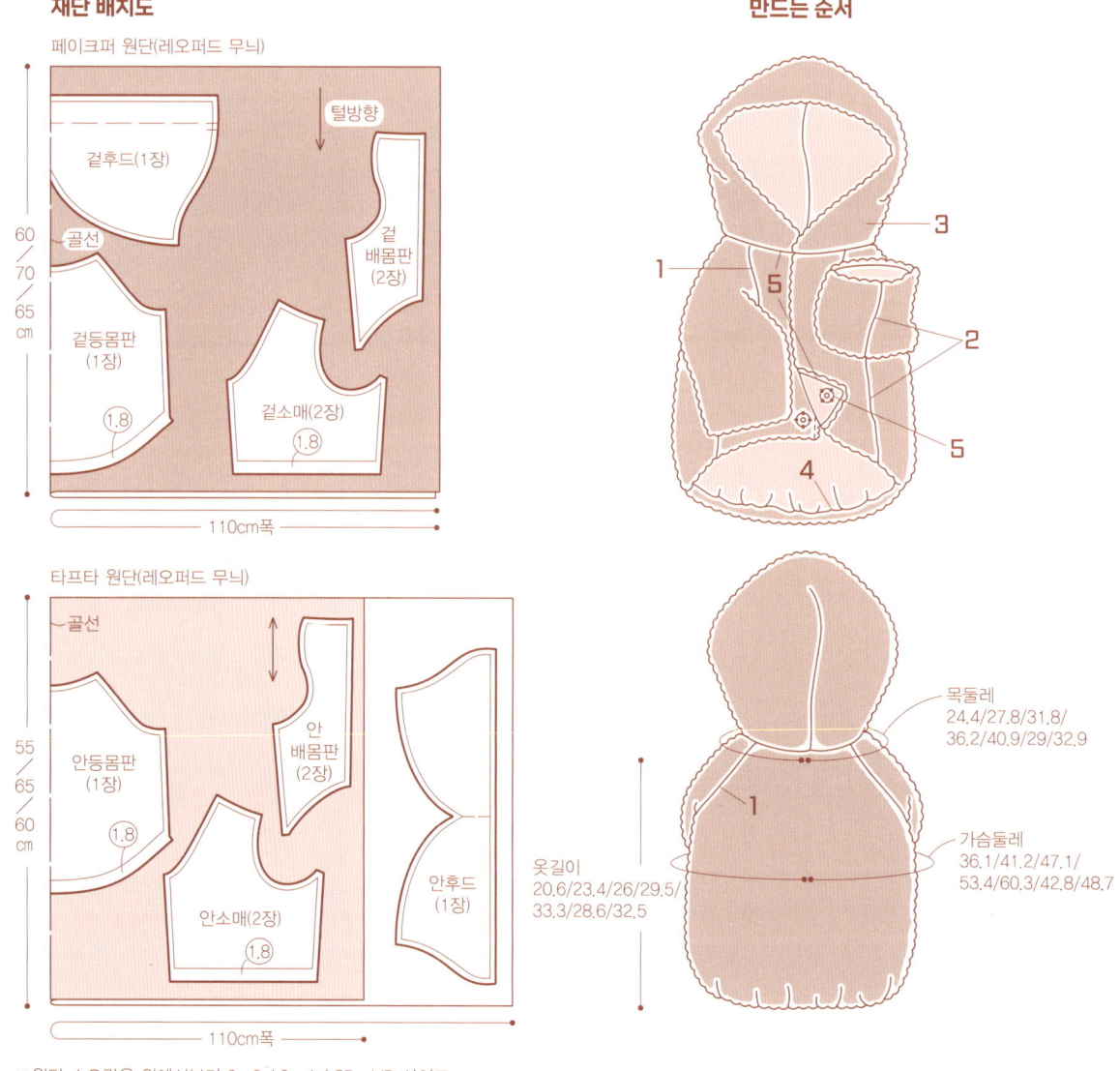

※원단 소요량은 위에서부터 0~2 / 3~4 / SD~MD 사이즈
※지정 이외의 시접은 0.8cm

86

1. 몸판에 소매를 단다

2. 몸판과 소매의 옆선을 한 번에 이어서 봉합한다

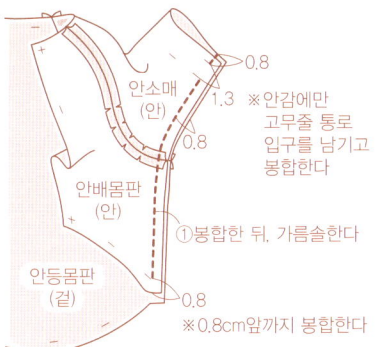

3. 후드를 만든다

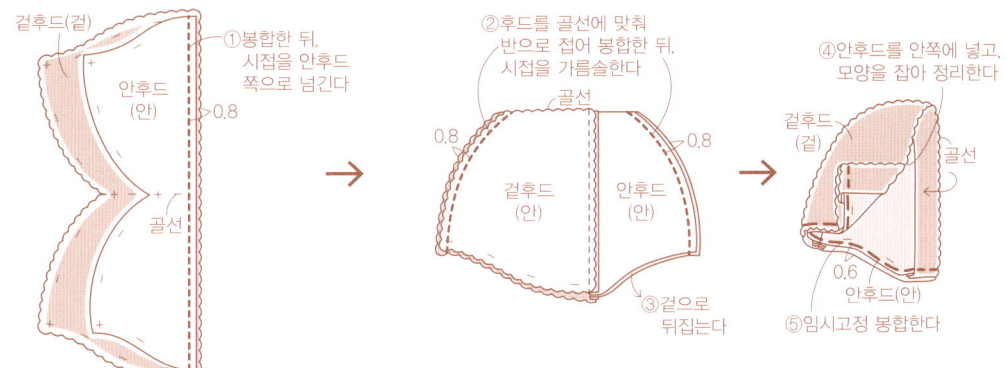

4. 몸판과 후드를 단다

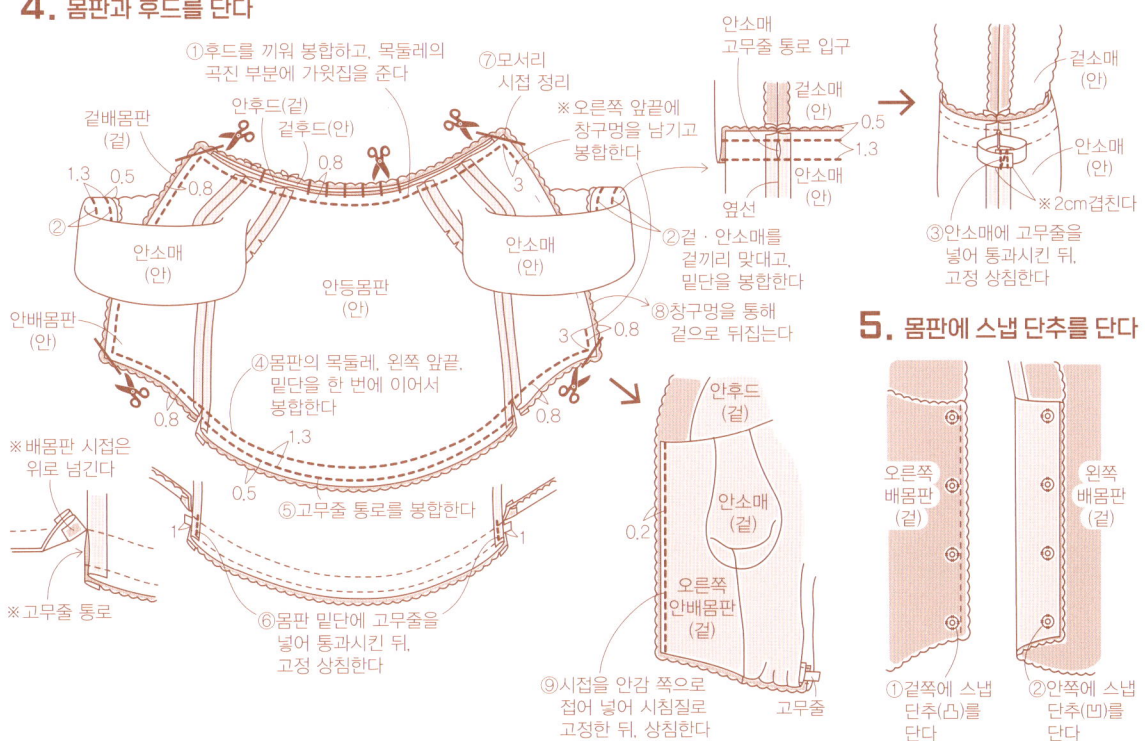

5. 몸판에 스냅 단추를 단다

U. Photo p.32

롬퍼스

▶ 작품 사이즈
0 / 1 / 2 / 3 / 4 / SD / MD

▶ 실물 크기 패턴
6면 겉·안배몸판, 겉·안등몸판, 겉·안소매, 겉·안후드, 겉·안귀감, 꼬리감

▶ 재료 [왼쪽에서부터 0~2 / 3~4 / SD~MD 사이즈]
· 페이크퍼 원단(오프화이트) 150cm폭 × 55 / 65 / 60cm
· 니트 원단(다이마루 별무늬) 150cm폭 × 55 / 65 / 60cm
· 시보리(오프화이트) 50cm폭(환형) × 20 / 20 / 15cm
· 접착심(소잉심지) 10cm폭 × 35cm
· 도트 단추 1cm폭 × 5 / 5 / 5 / 5 / 6 / 6 / 6쌍

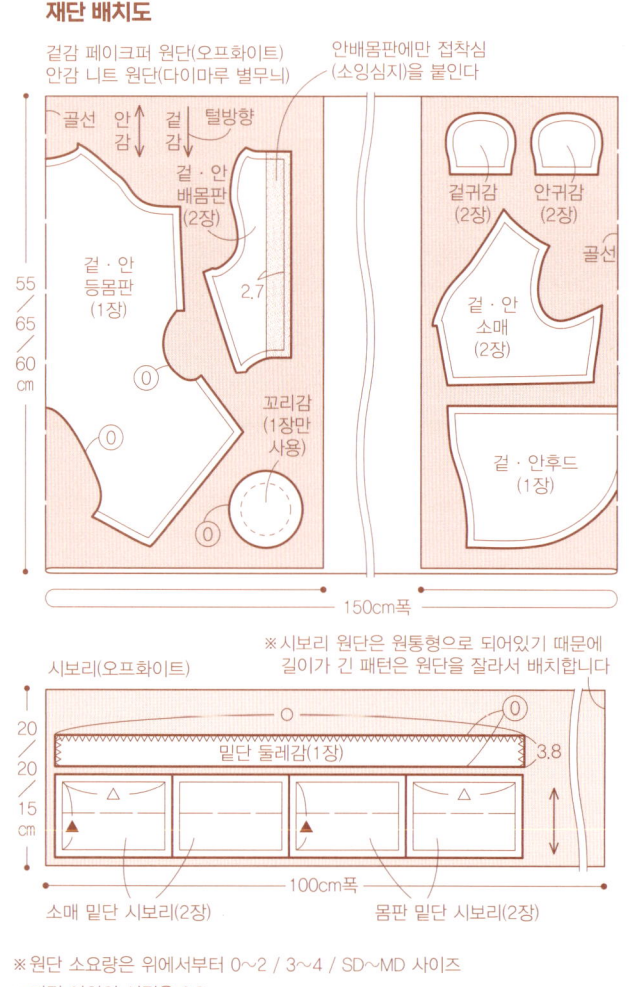

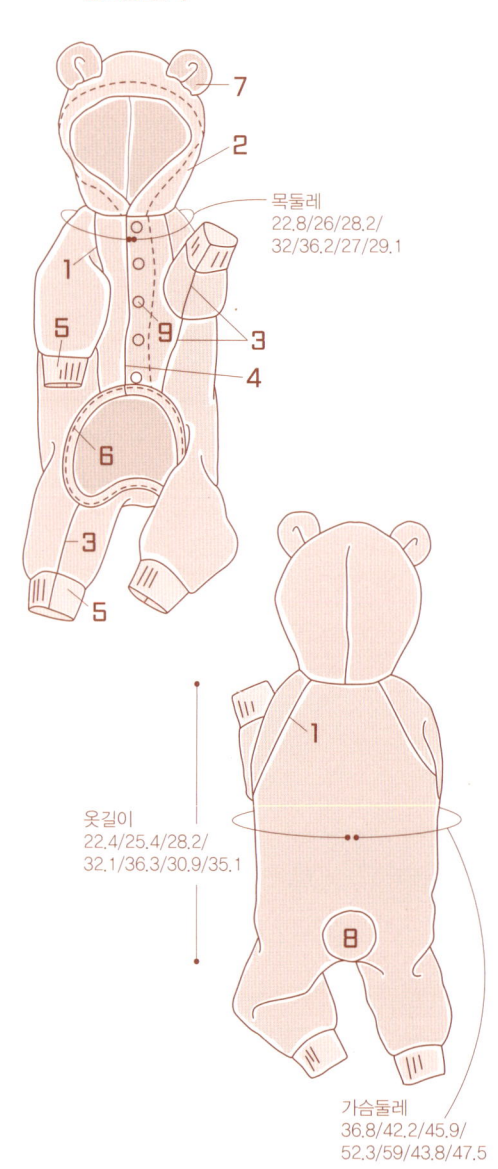

※ 원단 소요량은 위에서부터 0~2 / 3~4 / SD~MD 사이즈
※ 지정 이외의 시접은 0.8cm
※ ▭ 부분에 접착심(소잉심지)을 붙인다
※ ～ 부분은 재단 후 지그재그봉제 또는 오버록 처리한다
※ 몸판 밑단 시보리, 소매 밑단 시보리, 밑단 둘레감은
  기재된 치수에 맞춰 직접 제도하여 사용합니다
  왼쪽에서부터 0 / 1 / 2 / 3 / 4 / SD / MD 사이즈
  ○ = 45.4/51.1/56.8/64.2/71.9/55/61.2
  ▲ = 6/7/8/9/10/4.5/5
  △ = 9.5/11/12.5/14/16/12/13.5

1. 몸판에 소매를 단다 (p.87/1 참고)

2. 후드를 만들어 몸판에 단다

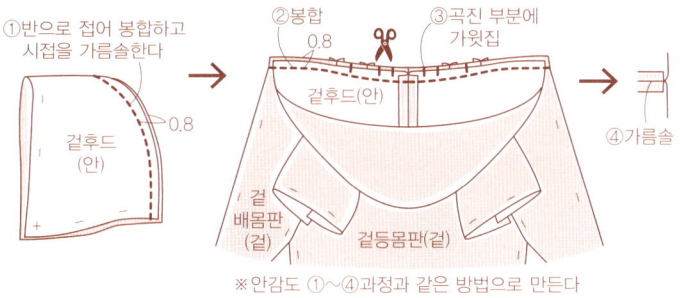

3. 몸판과 소매의 옆선을 한 번에 이어서 봉합하고, 밑아래의 옆선도 봉합한다

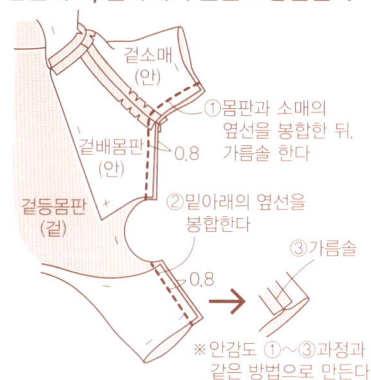

4. 겉·안몸판을 연결한다

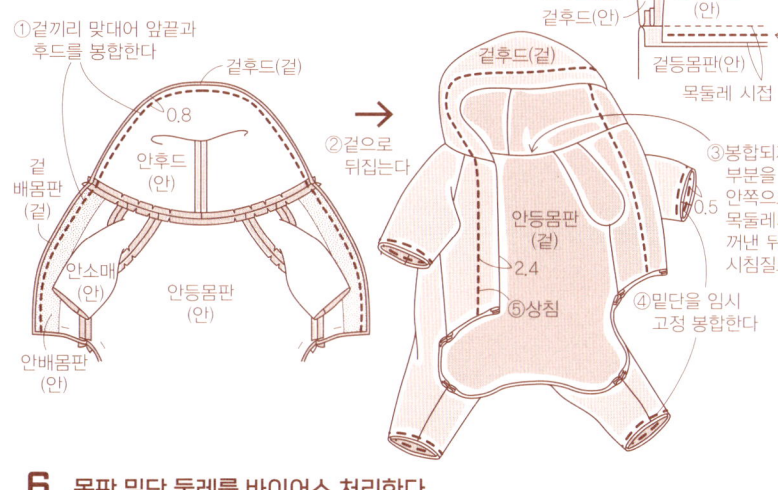

5. 소매 밑단 시보리, 몸판 밑단 시보리를 단다

6. 몸판 밑단 둘레를 바이어스 처리한다

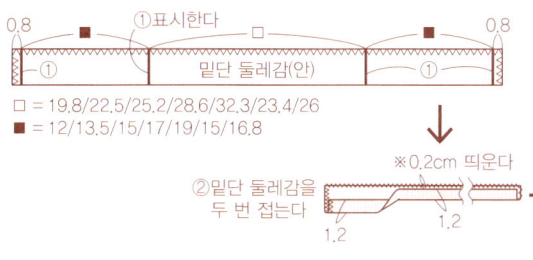

□ = 19.8/22.5/25.2/28.6/32.3/23.4/26
■ = 12/13.5/15/17/19/15/16.8

7. 귀감을 만들어 후드에 단다

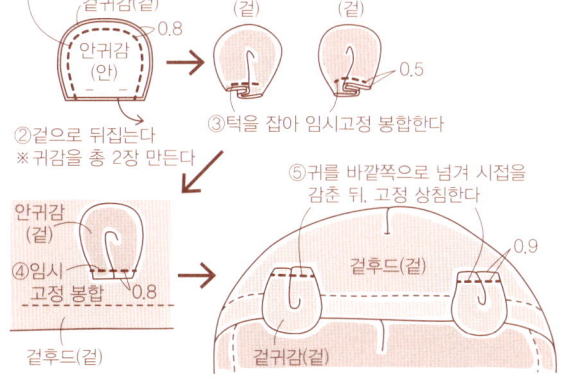

8. 꼬리감을 만들어 몸판에 단다

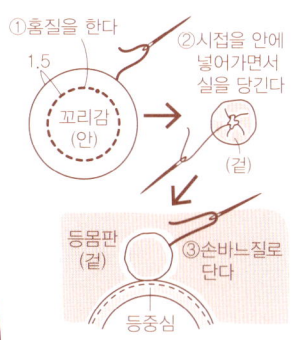

9. 몸판에 도트 단추를 단다

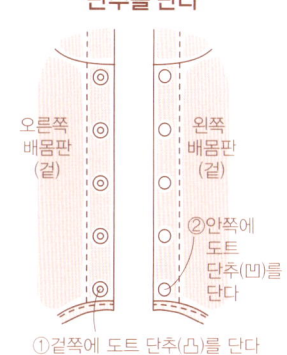

How to Make

X. 니트 워치 캡

Photo p.36

▶ 작품 사이즈
S / M

▶ 실물 크기 패턴
5면 모자감

▶ 재료 [왼쪽에서부터 S / M 사이즈]
- 니트 원단 30cm폭 × 16cm
- 리넨 테이프(갈색) 1cm폭 × 14 / 16cm
- 스웨이드끈(짙은 갈색) 0.3cm폭 × 25 / 30cm
- 둥근 고무줄(블랙) 0.2cm폭 × 22 / 26cm
- 우드 비즈(아이보리) 0.8cm폭 × 1개

재단 배치도

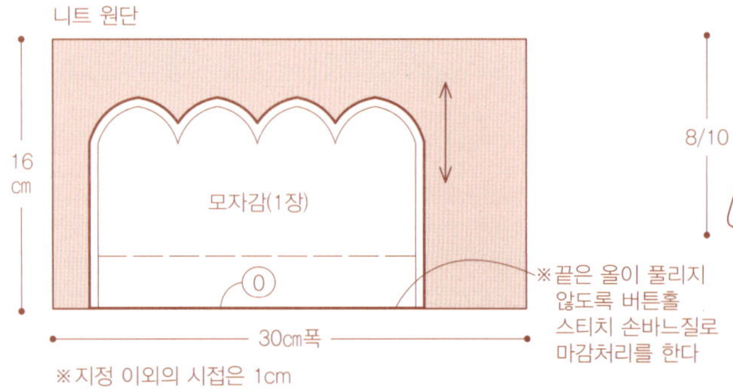

니트 원단

모자감(1장)

16cm × 30cm폭

※ 지정 이외의 시접은 1cm

※ 끝은 올이 풀리지 않도록 버튼홀 스티치 손바느질로 마감처리를 한다

만드는 순서

8/10
머리둘레 18/22

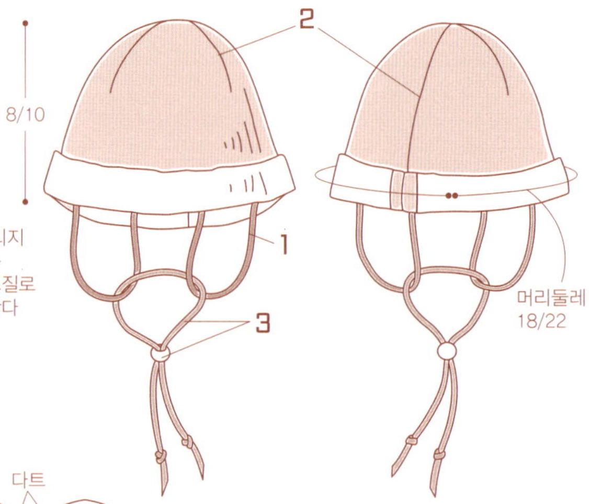

1. 리넨 테이프와 둥근 고무줄을 모자감에 단다

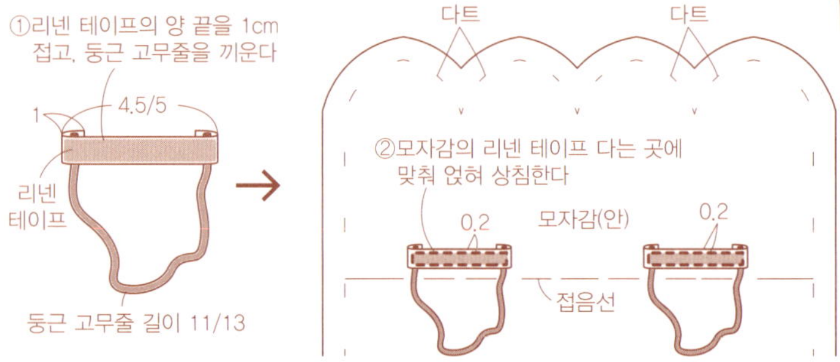

① 리넨 테이프의 양 끝을 1cm 접고, 둥근 고무줄을 끼운다

4.5/5
리넨 테이프
둥근 고무줄 길이 11/13

② 모자감의 리넨 테이프 다는 곳에 맞춰 얹혀 상침한다

0.2   모자감(안)   0.2
접음선

2. 모자감의 다트를 잡는다

① 다트에 맞춰 접은 뒤, 표시까지 봉합한다

※ 표시까지 봉합한다
모자감(안)
다트 접음선

② 반으로 접은 뒤, 시접을 엇갈리게 넘긴다

모자감(안)
앞중심쪽
③ 봉합

※ 반대쪽 다트도 ①과정과 같은 방법으로 만든다

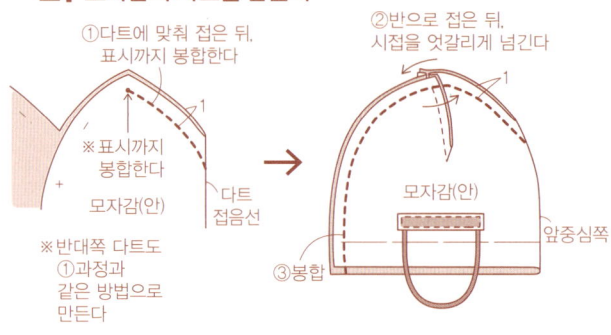

3. 둥근 고무줄에 스웨이드끈을 통과시키고, 우드 비즈를 달아 고정시킨다

① 접는다
2.5/3.5

둥근 고무줄
스웨이드끈
우드 비즈

② 둥근 고무줄에 통과시킨다
스웨이드끈 길이 25/30

③ 스웨이드끈에 우드 비즈를 달고, 끝을 묶는다

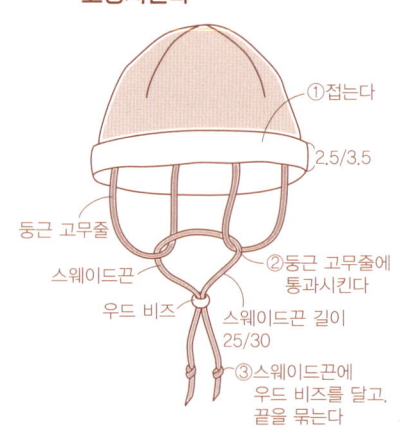

W. Photo p.35

페이크 칼라

▶ 작품 사이즈
S / M

▶ 실물 크기 패턴
5면 겉·안칼라, 프릴

▶ 재료 [왼쪽에서부터 S / M 사이즈]
· 코튼 원단(깅엄체크) 110cm폭 × 55 / 65cm
· 접착심(소잉심지) 20cm폭 × 30cm

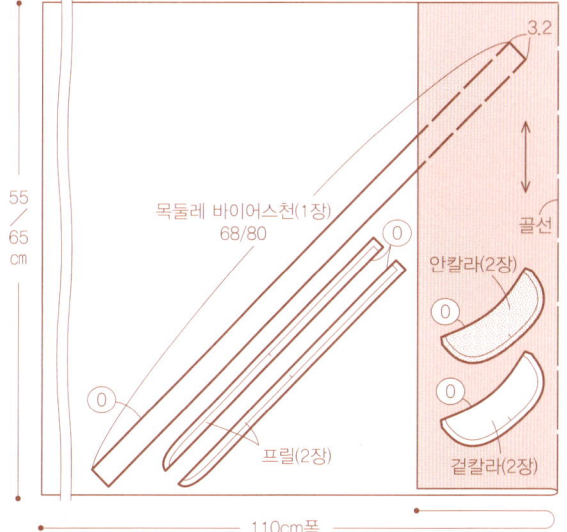

※ 원단 소요량은 위에서부터 S / M 사이즈
※ 지정 이외의 시접은 0.8cm
※ ▭ 부분에 접착심(소잉심지)을 붙인다
※ 목둘레 바이어스천은 기재된 치수에 맞춰 직접 제도하여 사용합니다
　왼쪽에서부터 S / M 사이즈

1. 칼라를 만든다

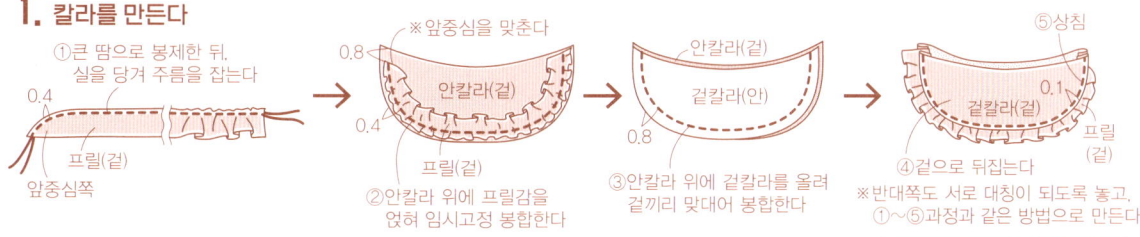

2. 칼라의 목둘레를 바이어스 처리한다

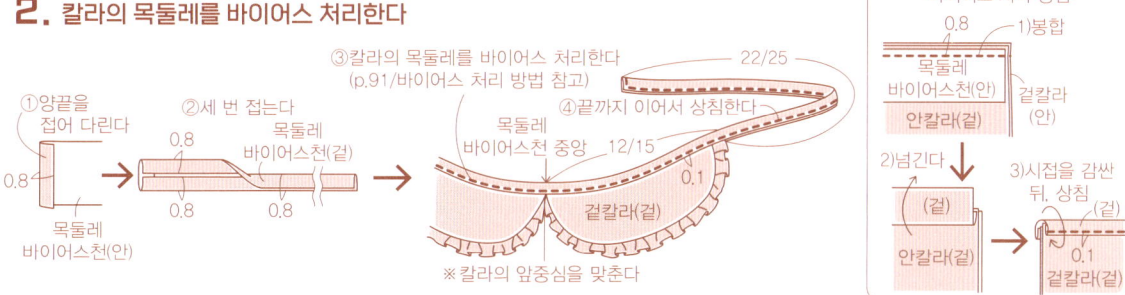

How to Make
91

V. 페이즐리 스누디

Photo p.34

▶ 재료 [왼쪽에서부터 S / M 사이즈]
- 코튼 원단(페이즐리 무늬) 54cm폭 × 54cm
- 고무줄 0.3cm폭 × 86 / 104cm

▶ 작품 사이즈
S / M

재단 배치도

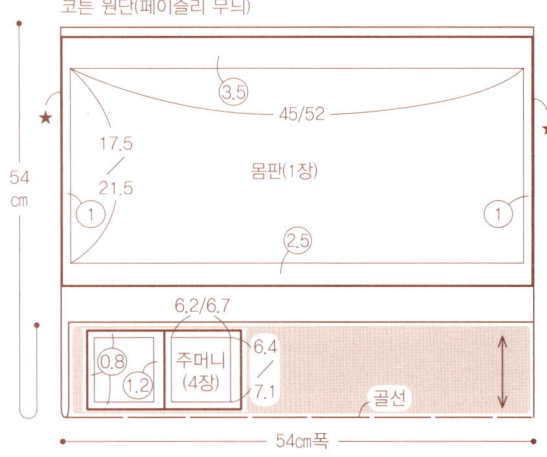

만드는 순서

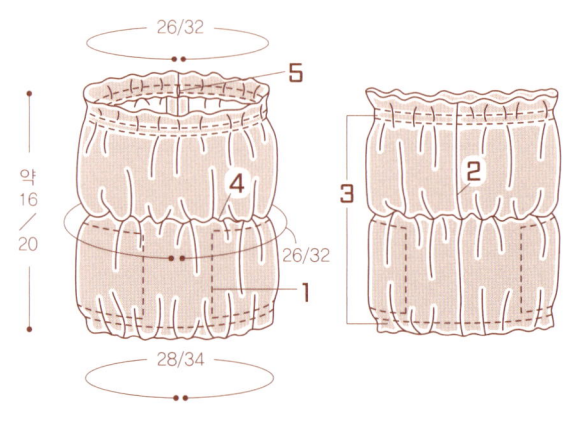

※ 모든 패턴은 시접이 포함되어 있지 않습니다
재단 배치도의 시접량을 확인하여 더해주세요
★ = S사이즈는 원단 끝을 지그재그봉제 또는 오버록 처리한다
　　 M사이즈는 원단 끝을 살려 사용한다

※ 원단의 소요량은 S / M 사이즈 동일합니다.
※ 모든 패턴은 기재된 치수에 맞춰 직접 제도하여 사용합니다
　위(왼쪽)에서부터 S / M 사이즈

1. 주머니를 만들어 몸판에 단다

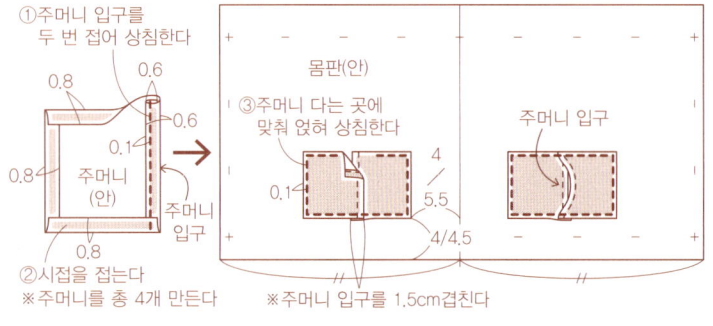

2. 몸판을 반으로 접어 봉합한다

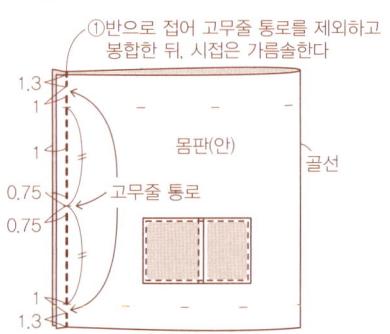

3. 몸판의 위아래를 정리한다

4. 몸판의 중앙을 반으로 접어 봉합한다

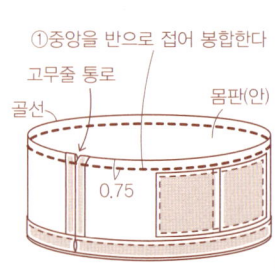

5. 몸판에 고무줄을 통과시킨다

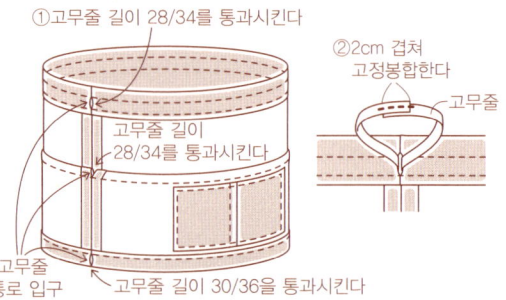

Z. Photo p.37

양면 매트

▶ 작품 사이즈
M / L

▶ 실물 크기 패턴
2면 테두리감

▶ 재료 [왼쪽에서부터 M / L 사이즈]
- 데님 원단 110cm폭 × 50 / 70cm
- 코튼 원단(페이즐리 무늬) 52cm폭 x 52cm
- 접착 퀼팅솜(단면) 55cm폭 x 45cm / 65cm폭 x 55cm

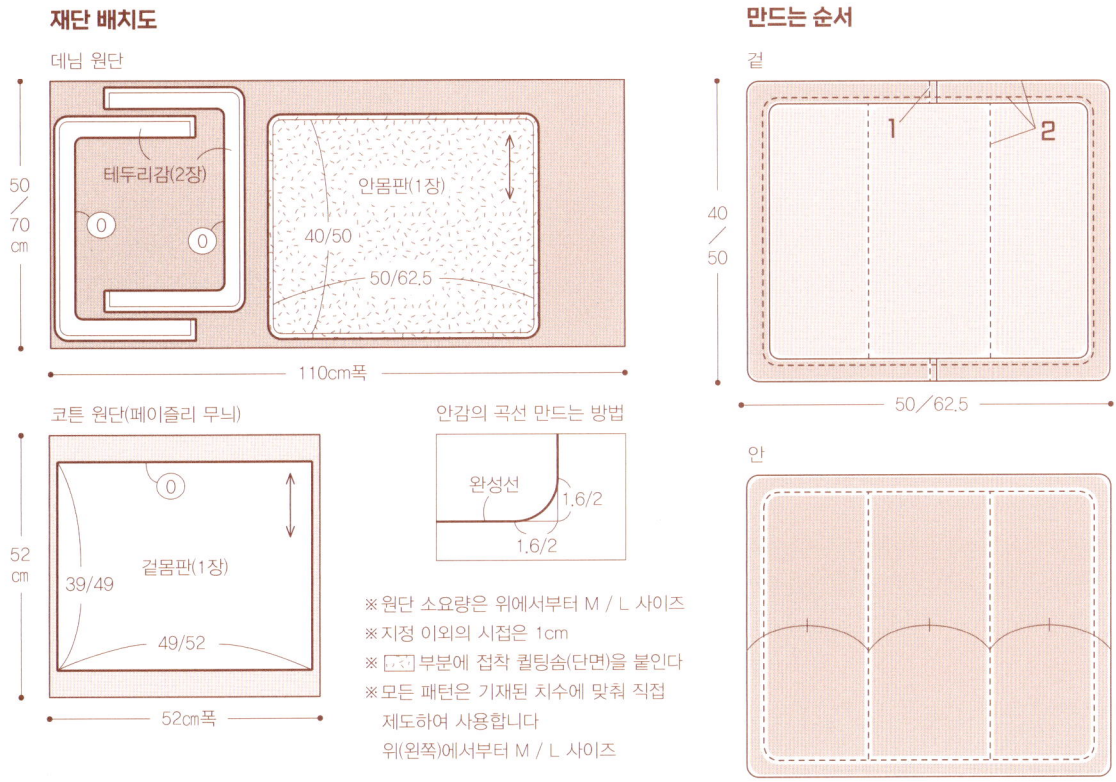

※ 원단 소요량은 위에서부터 M / L 사이즈
※ 지정 이외의 시접은 1cm
※ ▨ 부분에 접착 퀼팅솜(단면)을 붙인다
※ 모든 패턴은 기재된 치수에 맞춰 직접 제도하여 사용합니다
위(왼쪽)에서부터 M / L 사이즈

1. 테두리감을 만들어 겉몸판에 단다

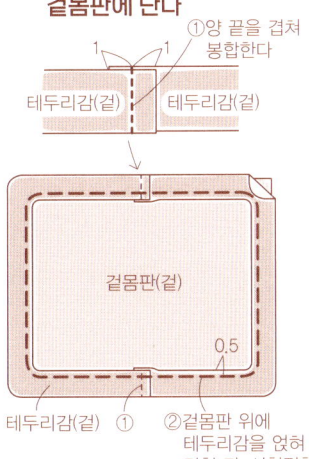

2. 겉·안몸판을 연결한다

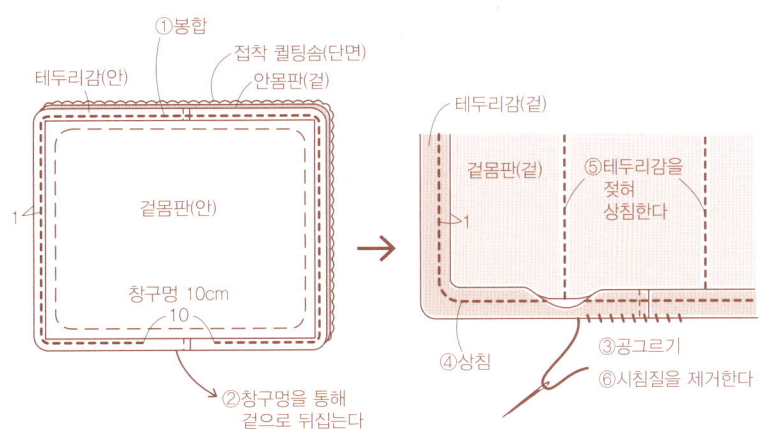

Y. 산책 가방

Photo p.36

▶ **실물 크기 패턴**
2면 겉·안몸판, 손잡이감, 턱주머니

▶ **재료**
- 데님 원단 110cm폭 × 75cm
- 코튼 원단(페이즐리 무늬) 110cm폭 × 30cm
- 리넨 테이프 2cm폭 × 160cm
- 로프끈 1cm폭 × 33cm(2개)
- 자석 단추 1.5cm폭 × 1쌍

재단 배치도

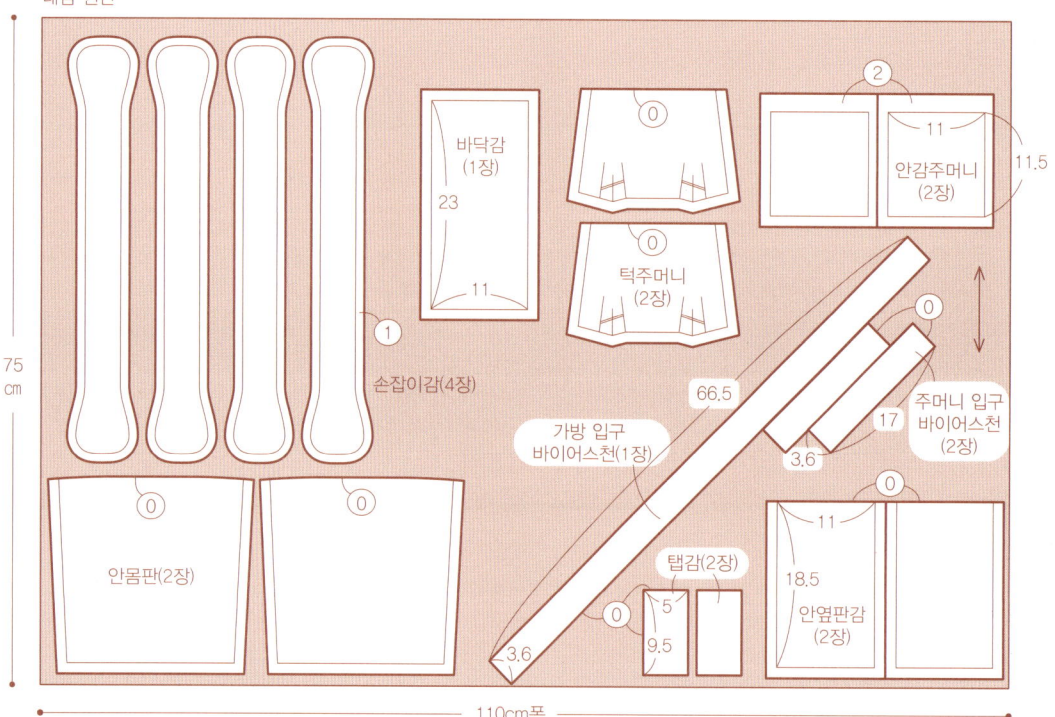

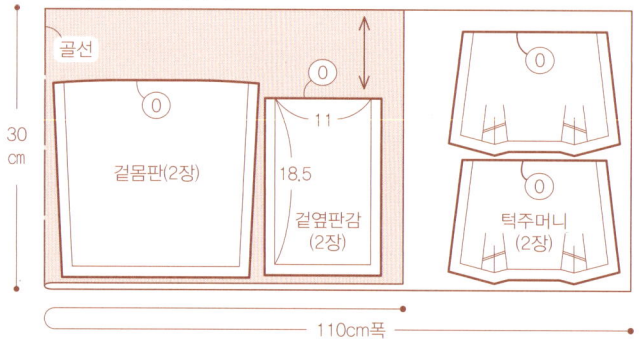

만드는 순서

※ 지정 이외의 시접은 1.2cm
※ 바닥감, 겉·안옆판감, 안감주머니, 가방 입구 바이어스천, 주머니 입구 바이어스천, 탭감은 기재된 치수에 맞춰 직접 제도하여 사용합니다.

1. 손잡이감을 만들어 몸판에 단다

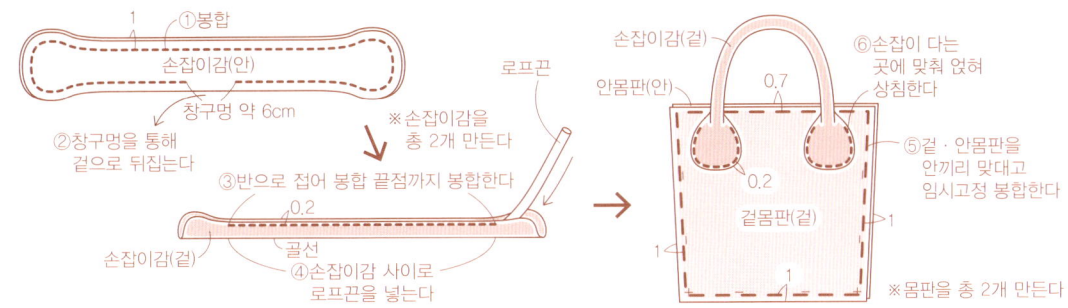

2. 턱주머니, 안감주머니를 만들어 옆판감에 단다

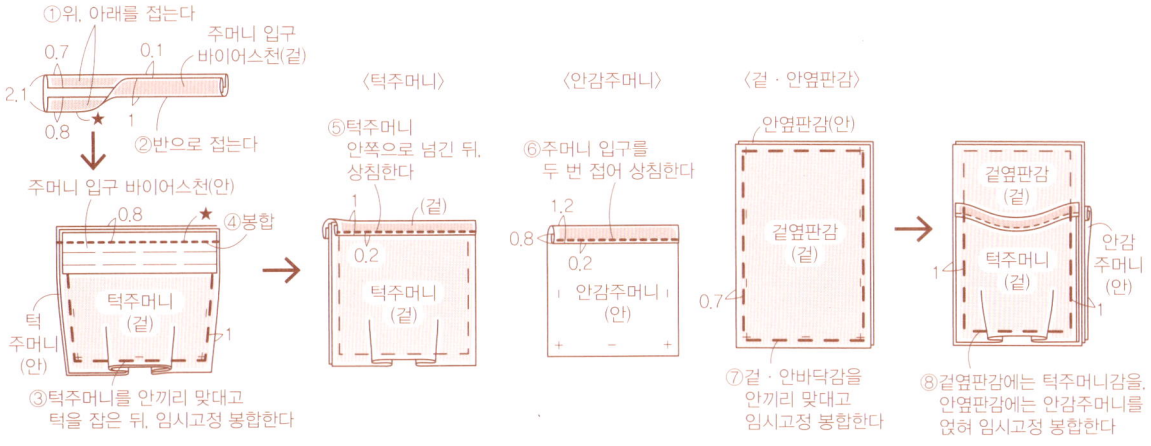

3. 옆판감과 바닥감을 연결한다

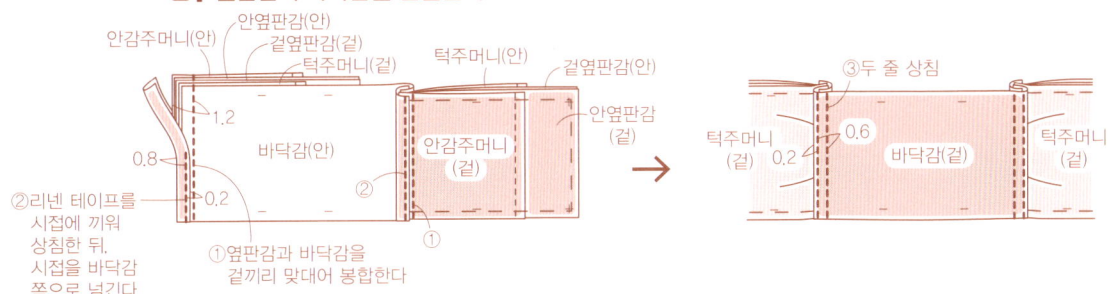

4. 몸판, 옆판감, 바닥감을 연결한다
5. 탭감을 만들어 안몸판에 단다
6. 가방 입구를 정리한다
7. 탭에 자석 단추를 단다

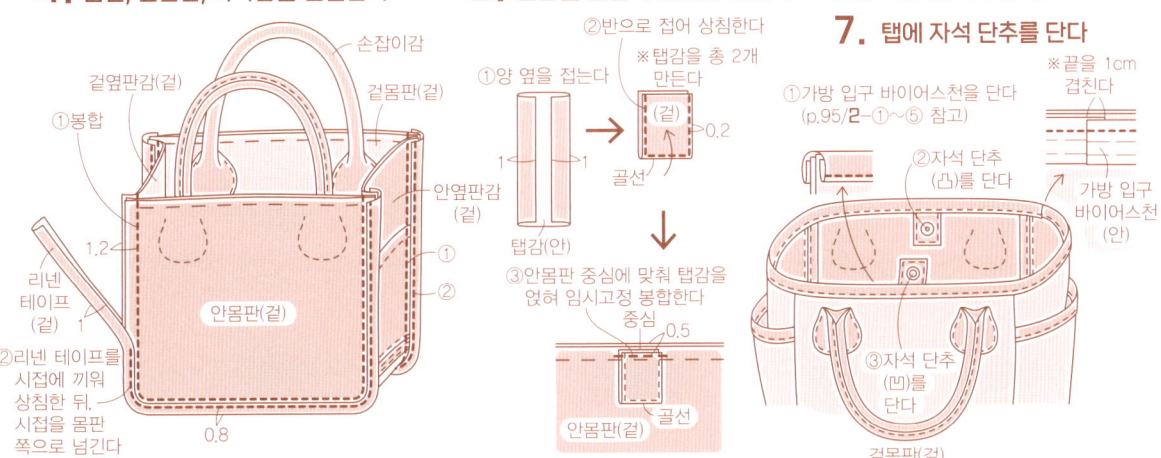

How to Make

as know as de wan

여성복을 주로 만들어 온 AS KNOW AS 브랜드가 이번에는 "강아지 옷" 컨셉으로 서적이 발간됐습니다. 귀여운 디자인부터, 작은 디테일, 착용감까지 좋은 아이템들로만 구성되어 있습니다. AS KNOW AS만이 가능한 강아지 옷! 이 서적을 통해 만나보세요.

as know as de wan
Official online shop

as know as de wan
Official instagram

AS KNOW AS
Official LINE

번역 손수현 sonsyun@naver.com

대학에서 일본어 전공 후 국내 최대 소잉관련회사에서 DIY서적 담당 MD 및 번역가로 수년간 근무, 현재는 소잉DIY 관련 도서 전문 번역가로 활동하고 있다. 옮긴 책으로는 〈리넨으로 만드는 에이프런과 소품 36〉, 〈내가 만들어 입는 코디네이트 룩〉, 〈오늘도 내일도 핸드메이드 원피스〉 등이 있다.

PET PATTERN BOOK 사계절 강아지 옷 패턴북

초판 1쇄 인쇄   2022년 09월 05일
초판 1쇄 발행   2022년 09월 22일

발행인	정용효
기획	이슬희, 윤효인
번역	손수현
감수	브라이언
편집	추수연
인쇄	상식문화
신고번호	제2016-000002호
신고일자	2016년 01월 26일
발행처	주)핸디스 소잉스토리
	광주광역시 북구 서암대로 133 (신안동), 3층
대표전화	062-513-8957
팩스	062-522-8827
문의전화	070-8893-9218
홈페이지	소잉스토리 www.sewingstory.com

PRINTED IN KOREA
ISBN   979-11-88062-46-1   13590
판매가   19,500원

STAFF

저자	株式会社アズノゥアズ
발행인	瀬戸信昭
편집인	佐伯瑞代
발행소	株式会社 日本ヴォーグ社
인쇄소	株式会社シナノ印刷
촬영	蜂巣文香（口絵）
	白井由香里（切り抜き・プロセス）
디자인	ME & MIRACO
만드는 법 일러스트	さとう工作所
교정	笠原愛子
편집	加藤みゆ紀
용구 협력	クロバー株式会社

※ 잘못 인쇄된 책은 구입처에서 교환해 드립니다.
※ 소잉스토리는 소잉 D.I.Y 취미실용서를 출간합니다.

이 책의 한국어판 저작권은 Nihon Vogue Co., Ltd.를 통한 저작권자와의 독점 계약으로 주)핸디스에 있습니다. 신저작권법에 의해 한국 내에서 보호를 받는 저작물이므로 무단전재와 무단복제를 금합니다.

※본서로 소개한 작품의 전부 또는 일부를 무단으로 상품화, 복제 배포 및 경진대회 등의 응모 작품으로 출품하는 것을 금합니다.

as know as de wan no kawaii wanko fuku (NV80700)
Copyright © AS KNOW AS CO., LTD / NIHON VOGUE-SHA 2022
All rights reserved.
Photographer: Ayako Hachisu, Yukari Shirai
First published in Japan in 2022 by NIHON VOGUE Corp.
This Korean edition is published by arrangement with NIHON VOGUE Corp., Tokyo
in care of KJ hobby Co., Ltd., Osaka.